KB138038

상사는 싫지만
내 일은 잘합니다

일러두기

• 일러두기 따로 표시하지 않은 각주는 모두 옮긴이 주입니다.

별난 리더를 만나도
행복하게 일하는 법

후루카와 히로노리 지음
이해란 옮김

상사는 싫지만
내 일은 잘합니다

현대
지성

제2장

유형별 나쁜 상사의 문제점과 대책
– 일단은 눈앞에 벌어진 상황부터 해결하자

제3장

도망과 방어만으로는 발전할 수 없다
– 어디를 가나 기죽지 않는 실력을 기르자

제4장

신뢰를 얻어 자기 자신을 지키자
– 궁극적인 해결책은 '신뢰받는 사람'이 되는 것

제5장

아무런 준비 없이 맨주먹으로 싸우지 마라
– 싸울 수밖에 없을 때는 어떻게 할까?

제6장

나를 지키며 행복하게 일하는 법
–상사를 위해서가 아니라 자기 자신을 위해 일한다

데드볼이 날아와도 깔끔하게 안타를 치자

인생은 생각보다 훨씬 짧다. 내가 40년 가까이 사회생활을 해오면서 얻은 깨달음이기도 하다. '언젠간 해야지!' 생각하다가는 시기를 놓친다. 하고 싶은 대로 해보는 것이 최고의 행복으로 가는 길이다.

다만 사회와 회사에는 각양각색의 사람이 있다. 직장 상사도 천차만별이라 운수 사납게도 '나쁜' 상사와 함께 일하게 될 수도 있다. 그때를 위해 미리미리 적절한 대처법을 알아 놓으면 사회생활뿐 아니라 정신건강에도 도움이 된다.

그래서일까? 이런저런 나쁜 상사에게 어떻게 대처하면 좋을지 알려 주는 책을 많이 볼 수 있다. 문제는 대부분이 근본적인 해결책이 아닌, 나쁜 상사의 유형과 단기적인 대처법을 제시하는 데 머무른다는 점이다. 이를테면 "상사가 이렇게 말하면 이렇게 대답한다"라며 그때그때 상황을 모면하거나 갈등을 피하는 방법을 조언하는 식이다.

안타깝게도 중장기적인 관점에서 근본적인 해결책을 이야기하는 책은 좀처럼 눈에 띄지 않는다. 그때그때 나쁜 상사를 상대하는 요령도 분명 필요하지만 임시방편만으로 직장 생활을 즐겁게 지속할 수 있을까?

가령 야구를 할 때, 데드볼을 피하는 요령만 익혀서는 충분하지 않다. 만족스러운 야구 인생을 즐기려면 '데드볼이 날아올 때도, 어떻게 안타를 칠지' 고민하고 또 실제로 쳐내는 타자가 되어야 한다.

그렇다면 대체 무엇을 해야 하는가.

　때로는 자신의 사고방식을 바꾸어야 하고, (나쁜 상사를 포함해) 많은 사람에게 좋은 평가를 받아야 한다. 그것이 상사는 싫어도 내 일은 잘하는 지름길이다.

　실력을 갈고닦아 동료와 거래처의 신뢰를 확보하면 나쁜 상사도 결국 태도를 바꾼다. 나쁜 상사는 부하 직원에게는 둔감해도 자신에게는 민감해 주위 시선을 꽤나 신경 쓰기 때문이다. 우수한 부하 직원에게 다짜고짜 화를 내거나 불명확한 지시를 계속하면 상사도 점점 설 자리를 잃는다. 결과적으로 나쁜 상사는 문제 행동을 줄이고, 부하 직원을 인정할 수밖에 없다.

　한편, 그런 부하 직원은 나쁜 상사에게 무심해진다. 자기 실력이 늘어 주변 사람들의 평가가 좋아지면 나쁜 상사가 대수롭지 않게 느껴지기 때문이다.

　이 책에서는 먼저 '데드볼 피하는 요령'을 소개하고, 자신이 부하 직원에게 어떻게 보일지 염려하는 상사를 위한 조언도 덧붙였다. 각기 다른 입장을 이해하는 참고 자료로 마음껏 활용해 주면 좋겠다.

　'데드볼이 날아와도 깔끔하게 안타를 치는 인재'로 발

돋움하는 비결도 소개했다. 이를 체득하면 어떤 상사나
환경과 맞닥뜨려도 꿋꿋이 헤쳐 갈 수 있다.

이직만이 답은 아니다

———————————

정년퇴직할 때까지 근속하더라도 굉장한 일이지만 적당
한 시기에 이직하는 것도 나쁘지 않다. 거듭 말하지만 본
인이 하고 싶은 대로 하면 된다.

최근에는 대졸 신입사원의 30%가 3년 이내에 회사를
그만둔다고 한다. 대표적인 퇴사 이유는 아래와 같다.

- 그 회사에서 인간관계에 불만이 있다.
- 그 회사에서 일을 잘해낼 자신이 없다.
- 그 회사의 미래가 불안하다.
- 그 회사에서 경력 계획을 세우기가 어렵다.

일부러 '지금 회사'가 아니라 '그 회사'라고 적었다. 단

순히 '다음 회사'로 옮긴다고 해서 불만이 해소되지는 않기 때문이다. 냉정하게 이야기하면 '다음 회사', '그다음 회사'에서도 같은 불만이 계속될 가능성이 높다. 그만두는 당사자는 '지금 그 회사'에 불만이 있겠지만 말이다.

경험을 쌓아 성장하기 위해서라면 모를까, 지금 이곳이 싫다는 이유 하나만으로 시도하는 이직은 좋은 결과를 내기 어렵다.

이직하기 전에 주어진 일을 착실히 처리하며 기량을 높여 두었다면 상관없다. 지속해서 성장하는 자에게 이직이 무슨 대수겠는가. 모름지기 이직이란 만족할 만한 성취를 경험하고, 실력을 갖춘 상태에서 진행해야 하는 법이다.

특히 첫 번째로 꼽은 '인간관계에 대한 불만'이 퇴사의 주된 이유일 때, 다시 말해 '상사와 잘 지내지 못해서' 그만둘 때는 더욱 주의해야 한다. 퇴사로 이어지는 '인간관계'란 까놓고 말해 '상사와의 관계'를 뜻한다. 부하 직원이나 동료와 잘 지내지 못해 회사를 그만둔다는 이야기는 들어본 적이 없다.

가장 안타까운 퇴사는 '나쁜 상사 때문에 그만두겠다' 는 유형이다. 어느 회사, 어느 직장이든 '또라이'는 있기 때문이다. 회사나 부서를 옮긴다고 해서 나쁜 상사로부터 벗어나리란 보장은 없다. 심지어 상황이 더 악화되기도 한다.

본문에서 자세히 설명하겠지만 나쁜 상사에 대처하는 방법은 다양하다.

나는 대학을 졸업하고 미쓰이물산이라는 종합상사에서 23년간 근무했다. 평사원으로 시작하여 중간관리직까지 경험한 뒤, 46살에 이직해 엔터테인먼트 기업 호리프로에서 임원을 지냈다. 지금은 독립해, 사외이사로 활동 중이다.

지금까지 여러 직무와 입장을 경험하면서 상사와 부하 직원의 마음이나 관계를 수없이 관찰해 왔다. 그렇게 얻은 지식과 사회 경험을 총동원하여 한 권의 책으로 정리했다.

이 책에 실린 나쁜 상사 대처법이 안타깝게 끝나는 퇴사와 이직을 막아 주었으면 한다. 나아가 독자들의 행복하고 보람찬 직장 생활에 조금이나마 기여할 수 있다면 저자에게 더한 기쁨은 없을 것이다.

후루카와 히로노리

$$\boxed{\text{제1장}}$$

나쁜 상사는 어디에나 있다

먼저 적을 알자

나쁜 상사의 3가지 유형

세상에 흠잡을 데 없이 완벽한 상사들만 있는 그런 직장이 있을까?

상사에 대한 불만은 어느 직장에나 있다. 어느 회사를 다니든 고민은 늘상 따라다닌다. '어쩔 수 없지' 하고 체념도 해보지만 업무 능률은 오르지 않는다.

이 책에서는 나쁜 상사를 3가지 유형으로 분류한다.

▪ 싫은 상사: 거만하거나 야비한 사람처럼 주로 '성격'에 문제

가 있는 상사

- ▪ 무능한 상사: 결단력이나 기억력이 부족하여 업무를 수행하는 '능력'에 문제가 있는 상사
- ▪ 불량 상사: 자기 일에 책임감이 없는 등 업무를 대하는 '태도'에 문제가 있는 상사

이 '싫은 상사, 무능한 상사, 불량 상사'를 모두 '나쁜 상사'라고 부르기로 한다. 본문에서는 3가지 유형을 모두 다루지만 이 중에서도 '불량 상사'를 가장 골칫거리로 여긴다는 점을 미리 밝혀 둔다.

결론부터 말하면 '싫은 상사'와 '무능한 상사'는 대책을 세우거나 웬만큼 인내하면 이겨 낼 수 있다(그러기를 바란다). 한편 '불량 상사'와의 문제는 여간해선 근본적인 해결책을 찾기 어렵다. 상황에 따라서는 작정하고 싸워야 할 때도 있다. 싸우는 방법은 책 후반부인 제5장에서 소개하겠다.

나쁜 상사 ①

성격에 문제가 있는 '싫은 상사'

나쁜 상사의 3가지 유형을 더 자세히 살펴보자. 첫 번째는 '싫은 상사'다.

일을 잘하는데도 싫은 상사가 있다. 억지로 술자리에 데려가 설교만 늘어놓는 상사, 재미없는 농담을 던지고 혼자 박장대소하는 상사, 노래방에서 나 홀로 콘서트를 개최하는 상사, 싫다는 부하 직원에게 "노래해!"라고 명령하는 것으로도 모자라 노래를 평가하는 상사. 하나같이 못 견디게 꼴사납다.

머리나 어깨에 비듬이 소복하다든가 쭈글쭈글한 와이셔츠 목깃에 때가 거뭇거뭇해서 불결해 보이는 상사, 이마가 늘 기름으로 번들거리는 상사는 주변에서도 내심 꺼리고 멀리한다. 이런 상사는 업무를 떠나 함께 지내는 것 자체가 불쾌하다.

이 밖에도 음침한 상사, 거만한 상사, 발끈하는 상사, 신경질적인 상사, 다른 사람을 무시하는 상사, 자기중심적인 상사, 제멋대로 행동하는 상사 등이 '싫은 상사'에

속하며 이들의 문제는 주로 그들의 성격 탓이다.

싫은 상사인지 아닌지는 부하 직원을 비롯한 주변 사람이 싫어하느냐 마느냐로 결정된다. 싫은 상사를 따르려 하는 부하 직원은 당연히 적고, 따르는 직원이 적은 상사는 으레 인망이 두텁지 않다.

단, '싫은 상사가 곧 일 못하는 상사'는 아니다. 인간적으로는 싫지만 일솜씨는 으뜸이라 업무를 진행하는 방식 등 업무상으로는 배울 점이 적잖을 때도 있다. 그래서 자기가 좋아하지 않더라도 그럭저럭 지낼 만하다.

나쁜 상사 ②
능력에 문제가 있는 '무능한 상사'

'무능한 상사'란 한마디로 업무 능력에 문제가 있는 상사다. 이들은 일을 못하다 보니 회사에서 부하 직원의 신뢰를 얻지 못한다.

무능한 상사는 실적을 내지 못하거나 업무를 완수하지 못한다. 듣고도 이해하지 못하고, 설명하지 못하고,

핑계부터 댄다. 자신의 역할도 헤아리지 못한다. 매사에 결단력이 없다.

세상에서는 이런 사람을 가리켜 흔히 "머리가 나쁘다"라고 하는데, 정확하게는 업무 수행력이 낮다고 봐야 한다.

유감스럽게도 회사에는 이런 상사가 많다. 연공서열제의 씁쓸한 부산물이라고 할까, 연차만 쌓여 자기 능력보다 과분한 직책을 맡게 된 사람들이다.

업무 능력은 낮지만 인간성이 훌륭한 경우도 있다. 부하 직원과 동료에게 '일 못하는 사람'으로 통할지언정 "그래도 좋은 분이야"라든가 "그래도 사람은 착해"라는 평이 덧붙는 유형이다. 그러나 인간성이 어떻든 업무 능력이 떨어지면 무능한 상사가 된다.

부하 직원이 멋진 제안을 내놓아도 이해하지 못하고, 행동력이 없고, 본인의 직속상사조차 설득하지 못하는 사람을 떠올려 보라. 울컥 화가 치밀지도 모른다. 본디 상사란 부하 직원보다 탁월해야 하지 않은가.

아무튼 이런 경우에는 '업무 능력이 낮은 상사를 보조하는 것도 부하 직원의 일'이라고 건설적으로 수용하는 편이 낫다. 직급 이상의 일(상사의 업무)을 분담하는 만큼 자기 역량이 강화된다고 생각하면 조금이나마 긍정적으로 임할 수 있다.

나쁜 상사 ③

태도에 문제가 있는 '불량 상사'

'불량 상사'는 성격이나 능력이 아닌 태도에 문제가 있는 상사이다.

본인의 결점과 약점을 잘 모르는 무능한 상사는 측은하기라도 하지, 문제를 알면서도 고치지 않는 위인은 불량하다고밖에 표현할 길이 없다. 이런 태도는 회사를 배반하는 행위나 다름없다. 회사 운영을 방해하고, 업무 환경을 악화하기 때문이다.

자기 입지를 다지려고 의도적으로 불필요한 일을 벌이거나 회사에 꼭 필요한 일을 수행하지 않는 상사, 다른 사람의 의견을 들을 생각이 없는 상사, 부하 직원에게 일부러 설명하지 않는 상사, 자기 입장이 불리해질까 봐 부하 직원을 교육하지 않는 상사, 권력만 좇는 상사, 무책임한 상사, 위만 바라보는 상사도 마찬가지다. 이들이 전부 불량 상사다. 즉, 불량 상사의 문제는 성격 또는 능력에 있지 않다. 업무에 대한 태도가 문제의 원인이다.

이상을 정리하면 다음과 같다.

'싫은 상사'는 성격이나 행동이 꼴 보기 싫은 상사다. '무능한 상사'는 업무 수행 능력이 낮은 상사다. 이를테면 부하 직원의 이야기를 듣는 일은 중요하게 여기지만 이해력이 부족한 경우다. 이와 달리 애초부터 부하 직원의 말 따위는 들을 필요가 없다고 생각하는 부류가 바로 '불량 상사'다.

싫은 상사와 무능한 상사는 아직 구제의 여지가 있다. 설령 성격이 맞지 않거나 몇 번이고 설명하는 일이 귀찮아도, 회사에 중대사가 생기면 부하 직원은 그런 상사라도 따르고 협력하게 마련이다.

반면 업무 태도가 형편없는 불량 상사는 구제불능이

다. 부하 직원도 불량 상사에게는 협조할 마음이 들지 않는다. 큰일이 터지면 아예 한바탕 싸우든가 그 상사를 건너뛰고 더 높은 상사에게 알리러 가는 수밖에 없다.

결론적으로 싫은 상사와 무능한 상사는 인내심을 갖고 이겨 내는 편이 낫다. 하지만 불량 상사와는 때로 싸울 필요가 있다. 싸우는 방법은 뒤에서 설명하겠다.

$$제2장$$

유형별 나쁜 상사의 문제점과 대책

일단은 눈앞에 벌어진 상황부터 해결하자

부하 직원에게 무관심한 상사

부하 직원에게 도통 관심을 보이지 않는 상사가 있다. 그냥 심드렁한 수준이 아니라 일을 가르쳐 주지 않는다. 부하 직원과 타인에게 무관심한 상사라니 두통거리가 따로 없다. 이제부터 소개할 별의별 나쁜 상사 중에서도 아주 고약한 유형이다.

원래 상사는 부하 직원을 돌봐야 한다. 부하 직원에게 일을 가르치고, 일하는 모습을 관찰하고, 업무 일정을 관리하는 등 최대 성과를 끌어내야 한다. 그것이 상사의 책무다.

충분히 자립할 수 있는 직원에게는 상사의 무관심이 그리 문제가 되지 않는다. 차라리 무신경한 상사가 시시콜콜 잔소리하는 상사보다 더 나을지도 모른다. 그렇지만 아직 성장이 필요한 직원이라면 이야기가 다르다. 모르는 일을 배워야 하고, 판단이 요구되는 상황에 부닥치기도 하기 때문이다.

사람이 일하지 않는 이유는 두 가지밖에 없다는 말이 있다.

1) 일하는 방식을 모른다.
2) 일할 의욕이 생기지 않는다.

1)은 일을 가르쳐 주면 해결된다. 2)는 부하 직원의 의욕을 북돋우는 길밖에 없다. 강력한 동기를 부여해야 일을 한다는 뜻이다. 그런데 상사가 부하 직원에게 무관심하면 교육도 동기부여도 죄다 내팽개친다.

부하 직원에게 관심을 보이지 않는 상사의 특징은 아래와 같다.

- 관리 업무와 부하 직원 교육에 흥미가 없다.
- 자기밖에 모른다.
- 가르치는 일을 귀찮게 여긴다.
- 부하 직원에게 유익한 일을 맡기지 않는다.
- 부하 직원의 보람 따위는 안중에 없다.

이래서야 상사로서 자격 미달이다. 그 사람을 윗자리에 앉힌 회사도 책임을 져야 하지만 대신할 적임자가 없는 경우도 있다.

대책

상사가 이쪽을 보게 만들어야 한다.

우선 본인이 상사에게 관심이 있다는 점을 보여준다. 자질구레해도 좋으니 가급적 많은 대화를 한다. 일 얘기가 아니어도 상관없다. 취미든 관심사든 그 사람에 대해 이것저것 줄기차게 물어보고, 대화를 나누고, 공감할 만한 부분이 있으면 크게 공감을 표시한다.

가령 같은 운동이 취미라면 "와, 저도 좋아해요!"라고 말한다. "어떤 책을 좋아하십니까?"라는 질문을 던져 상사가 읽은 책을 알아내 읽어 보고, 공감이 가는 내용을 언급하는 것도 좋다.

사람은 자기한테 관심을 보이는 사람에게 관심을 갖기 마련이다. 누군가가 나를 좋아한다는 사실을 알게 되면 갑자기 그 사람이 신경 쓰이듯이 말이다.

다음으로 상사의 업무 방식을 배우고 싶다고 겸허하게 이야기한다. 본받을 점은 확실히 본받고, 배우려는 자세를 적극 드러낸다. 역량을 키워 팀에 공헌하고 싶다고 진지하게 표현한다면 금상첨화다.

요컨대, 상사가 '저 친구는 하나라도 알려주고 싶군'이라고 느끼게끔 만들어야 한다. 신경을 거스르지 않도록 "실례지만 지금 시간 괜찮으십니까?", "2, 3분 정도만 시간을 내주실 수 있을까요?" 하고 조심스럽게 접근해보자. 상대가 이쪽을 보게 만들려면 직접 나서서 상대를 움직이는 수밖에 없다.

부하 직원에게 무관심한 상사는 늘 별말이 없으므로 오히려 편하다고 생각하는 사람도 있을 텐데, 자립한 상태가 아니라면 그런 상황을 각별히 주의해야 한다. 편하다고 긴장의 끈을 놓아 버리면 성장하지 못해 갈수록 힘들어지기 때문이다.

마지막으로 상사의 상사에게도 귀띔을 해두면 좋다.

"(직속상사가) 요즘 바빠서 그런지 따로 시간 잡기가 어려워요."

이렇게 알려 놓으면 "요새 아무개 씨는 좀 어떤가? 일은 잘하고 있나?"라며 기회가 있을 때 한번 물어봐 줄 수도 있다.

상사에게 보내는 조언

무슨 일을 하든 인간관계는 피할 수는 없다. 어떤 일도 혼자 할 수는 없으므로 타인에게도 관심을 가져야 한다. 더구나 상사라면 부하 직원의 업무와 태도를 관심 있게 지켜보아야 한다.

마음을 열지 않는 부하 직원도 있겠지만 취미나 관심사를 묻는 가벼운 대화로 먼저 관심을 표현하기 바란다. 무엇을 좋아하는지, 어떤 일을 하고 싶은지 등을 물어보고 서로 공통점이 있음을 보여주면 된다. 사소한 부분이어도 괜찮으니 공감대를 찾아보자.

다른 사람과 함께 일할 때는 먼저 그 사람을 아는 것이 중요하다. 상대방의 장점을 발견하고, 공감대를 넓혀 보자. 상사인 당신이 먼저 부하 직원에게 다가가야 한다.

의견을 들어주지 않는 상사

부하 직원이 의견을 내도 통 들어주지 않는 상사가 수두룩하다. 나쁜 상사의 대표 주자라고 할 만한 이런 상사 밑에 있는 부하 직원들의 심정은 오죽할까 싶다.

이들을 설득하는 요령은 제3장부터 자세히 다룰 것이니 여기에서는 유형별 포인트만 간단히 소개하겠다.

[유형1] 바빠서 들을 여건이 안 된다는 상사

대책

'이거다!' 싶은 묘안이 번뜩 떠올라도 상사를 설득하지 못하면 끝이다. 획기적인 제안도 상사가 받아들이지 않으면 무의미하다.

"○○건과 관련하여 회사에 큰 메리트가 될 제안을 드리고 싶은데, 혹시 이번 주에 1시간쯤 시간을 내주실 수 있을까요?"

"지금 하시는 일이 대략 몇 시쯤 끝나실까요?"

이처럼 상사와 이야기할 시간을 먼저 잡아야 한다.

단, 상사가 다른 안건으로 정신없이 바쁠 때는 주의가 필요하다. 서둘러 봤자 역효과만 난다. 다혈질인 상사는 "바쁜 시기에 무슨 말이 그렇게 많아!"라고 벌컥 화를 낼 수도 있다.

상사가 자신의 일로 정신없이 바쁠 때를 피해 약속을 잡고, 약속된 시간에서도 안건을 최대한 간결하고 명확하게 설명해야 한다.

[유형2] 경험이 부족한 부하 직원의 말을 듣지 않는 상사

대책

"주변 동료들에게도 물어봤습니다"라고 의견을 같이하는 집단이 있음을 알려야 한다. 이때 주어에 유의하라. '나'를 주어로 이야기하면 "네가 어떻게 생각하든 내가 알 바냐" 혹은 "내가 경험이 더 많으니까 네 얘기는 안 들어도 돼"라는 반응이 돌아올지도 모른다.

"저는"이라고 말하는 대신 회사나 부서를 앞세워 "회사에 이것이 꼭 필요하다고 생각합니다"라고 자신 있게 전달해야 한다.

[유형3] 윗사람에게 설명하기 귀찮아하는 상사

부하 직원의 제안을 통과시키기 위해 윗사람을 설득하기를 싫어 하는 유형이다. 이들은 귀찮은 일을 늘리고 싶지 않아서, 굳이 얽히고 싶지 않아서 제안을 물리친다.

대책

"회사 매출에 큰 도움이 될 뿐 아니라 우리 부서의 사업 계획에도 긍정적으로 작용합니다"라고 이득을 강조한다. "이러이러한 모습이 됩니다"라고 전망을 제시하는 방법도 있다. 윗사람을 설득하면 모두에게 이득이라고 상사를 이해시켜야 한다.

상사에게 보내는 조언

이야기를 들어주지 않는 상사는 가장 큰 고민거리이자 불만 대상이다.

아직 자기 업무조차 감당하지 못하는 부하 직원이 좋은 제안을 내기 어렵다는 점은 이해한다. "필수사항은 내가 알아서 전달하니까 일일이 물어보지 않아도 돼" 하고 말하고픈 심정도 모르지 않는다.

나 역시 부하 직원에게 이런 말을 들은 적이 있다. "후루카와 씨는 저희 이야기에 찬성하실 때는 싱글벙글 웃으시지만, 반대하실 땐 차츰 얼굴이 굳어집니다. 반대하시는 기색이 보이면 불안해서 설명을 제대로 못 드리겠어요.”

부하 직원의 이야기에 귀를 기울이는 것은 의사소통의 기본이고, 그의 사기를 북돋우는 중요한 행동이다.

모쪼록 진지하게 '경청'하라. 부하는 상사가 이야기를 성의껏 듣고 있는지, 듣는 둥 마는 둥 하는지를 쉽게 파악한다. 상대에게 '내 말을 경청하고 있구나!'라는 느낌을 주기 위해서는 다음과 같은 자세를 취할 필요가 있다.

- 눈 맞춤: 이야기에 집중할 때는 보통 화자의 눈을 바라본다. 계속 쳐다보든 잠깐 마주치든 반드시 얼마간 눈 맞춤이 일어난다. 눈 맞춤은 '당신 이야기를 잘 듣고 있어요'라는 표현이다.
- 고갯짓: 이야기에 고개를 끄덕인다. 눈 맞춤과 고갯짓은 일대일 대화는 물론 일대다 대화에도 활용할 수 있다.
- 맞장구: "그렇군요", "맞습니다" 등 설명에 동의하며 듣는다.
- 따라 말하기: "계약 직후 말씀이시죠?", "담당자는

아무개 씨군요" 등 화자가 말한 키워드를 청자가 반복하여 말한다.

● 요약하기 : "한마디로 저희 회사 측 과실이네요", "결국 처음부터 잘못되었다는 말씀이시군요" 등 화자의 이야기를 청자가 요약한다. 이로써 잘 듣고 있다는 사실이 상대에게 전달된다.

화자가 우선순위나 핵심을 헷갈리는 것 같다면 "이 우선순위에 따라 진행할까요?"라든가 "그럼 ~가 핵심이겠네요!"라는 식으로 요약하여 확인할 수도 있다.

● 메모하기 : 메모하는 자세는 화자를 안심시킨다. 여담이지만 상사에게 혼날 때 메모를 하면 혼나는 시간이 단축된다는 말도 있다. 부하 직원을 지독하게 혼내기로 유명한 CEO가 있는데, 그곳 사원들은 거의 전원이 '메모'를 한다.

● 질문하기 : 정확한 질문은 청자가 이야기를 경청하고 있다는 증거이다.

지시를 자꾸 번복하는 상사

상사의 지시가 이리저리 바뀌면 일의 순서가 엉망진창이 된다. 지금까지 진행한 작업도 수포로 돌아가서 일의 효율마저 뚝 떨어진다. 화가 머리끝까지 날 만하다.

상사가 지시를 번복하는 원인은 주로 머릿속이 복잡하거나 일의 우선순위를 정하지 못했거나 지난번에 내린 지시를 깜빡해서이다.

대책

상사의 지시를 매번 면전에서 필기한다. 지난번과 다른 지시가 떨어지면 상사 앞에서 노트를 보며 질문한다.

"지난번에는 이렇게 지시하셨는데 지금 말씀하신 사항부터 처리할까요? 어떤 일을 먼저 처리하면 될까요?"

이때 핵심은 "저는 이 일을 먼저 처리하는 편이 낫다고 생각합니다. 이유는 이러합니다"라고 자기 의견을 제시하는 것이다.

상사에게 보내는 조언

일을 잘하는 상사는 자신이 부하 직원에게 내린 지시를 잊지 않는다. 나를 많이 독려하던 상사는 늘 분명하게 지시를 내렸다.

"지금 당장은 괜찮으니까 다음 주말까지 해결책을 가져오게."

그리고 정해진 기한까지 대답을 하지 않으면 어김없이 물었다.

"저번에 말한 해결책은 어떻게 되고 있지?"

좋은 상사가 되려면 직접 내린 지시를 절대 잊지 말아야 한다. 잊어버릴 것 같다면 누구에게 어떤 지시를 내렸는지 노트에 적어 두자. 나도 그렇지만 나이를 먹을수록 깜빡하는 경우가 꽤 생긴다.

지시받은 일을 차일피일 미루면서 '아, 귀찮은데 상사도 깜빡했으면' 하는 부하 직원도 있긴 하지만, 지시를 내린 상사라면 어떤 식으로 일처리하는지 확인하고 적절히 대처해야 한다. 마냥 내버려 두면 안 된다. 방침을 관철하고, 일관성을 유지하는 것은 부하 직원 관리의 기본이다.

말귀를 알아듣지 못하는 상사

설명을 하면 듣기는 하지만 영 말귀를 못 알아듣는 상사도 무능한 상사다. 일의 핵심을 짚어 제대로 지시하기는커녕 부하가 설명해도 알아듣지 못하는 상사라니 어느 직원인들 답답하지 않으랴.

이해력이 부족하거나 설명을 잘하지 못하는 사람에게 흔히 "머리가 나쁘다"라는 표현을 쓴다. 예컨대 학생일 때는 성적을 기준으로 머리가 좋고 나쁘고를 판단한다. 회사에서는 업무 능력(그중에서도 이해력과 설명력)이 낮으면 머리가 나쁘다고들 하는데, 특히 이해력 결핍은 치명적이다.

상담이든 제안이든 상사가 제대로 이해하기 전에는 일이 진행되지 않고, 부하 직원의 마음속에는 울분만 쌓인다.

대책

사실 이해력이 '완전 제로'인 직장인은 없을 것이다. 그런 사람은 이미 채용 과정에서 떨어졌을 테니까. 설명을 듣고도 이해하지 못하는 이유는 대개 경청하지 않기 때문이다. 머릿속으로 딴생각을 하면서 건성건성 들으면 어떤 설명도 귀에 들어오지 않는다. 그러니 설명을 할 때는 다음 사항에 주의하자.

첫째, 상대가 집중해서 듣고 있는지 확인한다. 설명하면서 상대의 반응(눈 맞춤, 고갯짓, 맞장구 등등)을 살펴보자. 메모를 하거나 질문을 던진다면 귀담아듣고 있다는 뜻으로 받아들여도 좋다.

만약 상사가 당신의 이야기에 경청하는 신호를 전혀 보이지 않는다면 건성으로 듣고 있는지도 모른다(경청에 관한 내용은 42~43쪽을 참조).

둘째, 기본적으로 알아듣기 쉽게 설명해야 한다.

- 설명하고 싶은 내용의 요점을 간추렸는가.
- 요점을 알아듣기 쉽게 표현했는가.
- 결론과 이유가 명확하고, 자기 의견을 덧붙였는가.
- 설명의 순서를 정했는가(시간순으로 할지 아니면 결론부터 거슬러 올라갈지).
- 추상적인 설명은 피하고 구체적인 수치를 넣었는가.
- 설명을 간단하게 요약하여 마무리했는가.

여기에 아래 사항도 덧붙인다.

- 중요한 사안은 메일로만 처리하지 말고 서류로 작성하거나 구두로 설명한다.
- 핵심에서 벗어난 질문 때문에 논의가 샛길로 빠졌다면 이 야기를 본론으로 되돌린다. "다시 본론으로 돌아가서"라고 의식적으로 말해 엉뚱한 흐름을 차단한다.

셋째, 기억력의 문제. 상대가 전에 들은 내용을 잊어버렸다면 이어서 설명해 봤자 알아듣지 못한다. 부하 직원은 '다 기억하고 계시겠지'라는 믿음으로 지난 내용을 생략한 채 진척 상황을 열심히 설명하는데 상사는 '금시초문'인 난감한 사태가 발생할 수도 있다.

상사가 이해를 잘 못한다면 자신의 설명력을 향상시킬 좋은 기회라고 여기자. 즉, 훈련이라고 생각해야 한다. 앞으로 또 얼마나 이해력 없는 상사를 만나게 될지 누가 알겠는가. 이참에 철저히 준비하는 습관을 들이도록 하자.

일단 크고 복잡한 제안은 말귀가 밝은 사람도 얼른 알아듣기 어렵다. 말귀가 어두운 상사라면 더욱 그러하니 단번에 이해시키려 들지 말고, 세 번은 설명할 각오를 해 둔다.

어려운 신규 제안을 몇 장짜리 서류로 정리해서 갑자기 찾아가는 행동도 삼간다. 마음의 준비가 되지 않은 상사에게 예고도 없이 불쑥 찾아가 "이것을 하고 싶습니다!"라고 설명해 봤자 통과될 리 없다.

평소에 보고할 때라든가 다른 기회를 틈타 "요즘 이런 프로젝트를 구상하고 있습니다"라고 귀띔을 해 놓아야 한다. 느닷없이 강편치를 날리는 것이 아니라 먼저 가볍게 잽을 먹인다고 할까? "동료인 아무개 씨하고도 얘기 중인데 제법 괜찮다고 하네요"라고 동조자가 있다는 점을 알리면 더 좋다.

이처럼 몇 번 귀띔을 한 다음 본격적으로 제안한다. "지금 구상하고 있는 안건으로 다음 주에 한 시간쯤 프레젠테이션을 해도 될까요?"라고.

프레젠테이션 자리에서도 즉답을 요청해서는 안 된다. "이러이러한 제안이오니 검토 부탁드립니다. 필요하시다면 다음 주에 또 뵙고 싶습니다. 괜찮으실까요?" 하고 상사에게 생각할 시간을 주어야 한다.

설명하는 능력은 평생 어떤 직업, 어느 직급에나 필요하다. 평사원은 과장에게, 과장은 부장에게, 부장은 본부

장에게, 본부장은 임원에게, 임원은 사장에게, 사장은 주주에게 설명을 해야 한다. 게다가 높은 자리로 올라갈수록 단시간에 요령껏 설명할 줄 알아야 한다. 회사 바깥도 다르지 않다. 장차 이직을 하든 창업을 하든 설명력은 평생 갈고닦아야 한다.

머리가 좋고, 말귀가 밝은(이해력이 좋은) 사람만 알아듣게 설명해서는 자기 기량을 끌어올리지 못한다. 오히려 이해력이 떨어지는 사람을 상대로 연습하는 편이 효과적이다. 눈앞의 상사를 답답하게 여기는 대신 자신의 설명력을 향상시킬 기회로 삼으면 어떨까?

상사에게 보내는 조언

앞서 이야기했다시피 나는 부하 직원에게 세 번은 설명하라고 조언한다. 반면 상사는 단번에 이해하도록 노력해야 한다.

부하 직원 중에는 설명이 서툰 사람도 있고, 추상적으로만 설명하는 사람도 있다. 질문을 하든 허점을 짚든 상사가 이해력을 발휘하여 설명을 구체적으로 이끌어야 할 때도 있음을 명심하자. 무엇을 들었는지 날짜별로 기록해 두는 일도 중요하다. 듣고도 이해하지 못하거나 잊어버리면 부하 직원의 의욕뿐 아니라 당신의 신뢰도도 떨어진다.

발끈하는 상사

유독 부하 직원에게만 발끈하는 상사가 있다. 기분파인 데다 감정기복도 심해서 종종 "왜 그런 일로 소리를 지르세요?"라고 묻고 싶어지는 유형이다.

대책

먼저 태도의 문제. 발끈하는 상사의 머릿속에는 '후배는 선배를 우러러보고 공손하게 대해야 하지만, 선배는 좀 거만해도 된다'라는 시대에 뒤떨어진 사상이 박혀 있다. '가르치는 사람은 선배고, 배우는 사람은 후배'라는 구시대적인 선후배 의식이 여전히 굳건하다는 뜻이다.

발끈하는 상사들 중에는 젊었을 때 상사에게 "야! 이 돌대가리야!" 같은 소리를 들으며 일한 사람이 많다. 폭언을 들어도 "네, 알겠습니다!" 하고 머리를 조아려야 했다. 지금이라면 '갑질'에 해당할 언행이 당시에는 버젓이 통용되었다.

"특별히 가르쳐 주는 거니까 잘 새겨들어"라는 구세대의 사고방식과 "상사라면 가르쳐 주는 게 당연하잖아? 무슨 말을 저렇게 하지?"라는 신세대의 자세는 부딪칠 수밖에 없다.

한편 구세대 상사는 나이 차를 의식한다는 특징도 있다. 그래서 자기보다 나이가 많은 후배나 중도입사자에게는 그리 발끈하지 않는다. 상하관계이기는 해도 연장자는 인생 선배라고 여기기 때문이다.

걸핏하면 화를 내는 당신의 상사가 연장자는 어떻게 대하는지 한번 유심히 살펴보기 바란다. 그 상사는 '상사·부하 직원 관계'와 '선배·후배 관계'를 혼동하고 있을 가능성이 크다. 쉽게 발끈하는 성격이라고 낙인찍기보다는 낡은 선후배 의식이 강한 사람이라고 받아들이면 '어쩔 수 없지' 싶어 화가 줄어들기도 한다. 시대착오적인 상사와 사사건건 부딪치고 싶지 않다면 다소 가식적일지라도 공손한 후배를 연기하는 편이 낫다.

다음으로 부하 직원에게 문제가 있을 수도 있다. 예를 들면 이런 경우다.

- 아무리 말해도 이해하지 못한다.
- 똑같은 실수를 반복한다.
- 자잘한 일을 스스로 알아보지도 않고 즉시 물어본다.

이성을 잃은 상사에게 혼나는 부하 직원도 힘들겠지만 혼내는 상사도 힘들기는 매한가지다. 구태여 에너지를 소모하면서까지 혼내는 데는 나름대로 이유가 있지 않을까? 부하 직원의 고칠 점을 상세히 설명하지 못한 채 "이 자식아!"라고 소리치는지도 모른다. 때로는 침착하게 자신의 부족한 점을 물어보면 어떨까.

앞에서 설명했듯이 낡은 선후배 의식을 가진 사람은 부하 직원이 홧김에 조금이라도 반발하면 '건방진 녀석'이라고 인식한다. 그런 부당한 딱지가 붙어서야 아니 될 노릇이다. 부질없는 반발은 본인에게 손해일 뿐이니 냉철함을 유지하기 바란다.

부하 직원이 스위치를 잘못 눌러서 폭발하는 상사도 있다. 별안간 상사가 폭발했다면 어떤 지뢰를 밟았는지 돌아봐야 한다.

상사도 사람이다. 사람마다 차이는 있지만 부하 직원에게 지적을 받고 좋아할 상사는 없다. 똑같은 말을 상사에게 들으면 "네, 알겠습니다" 해도 부하 직원에게 들으면 '어린놈한테 이런 말을 듣다니!'라는 낡은 인식이 마음속에 불을 질러 버린다.

자신이 경청하는 기본 자세를 갖추었는지 재확인하는 일도 중요하다.

자기 이야기에 귀를 기울이는 사람에게는 누구나 호

감을 갖는다. 버럭버럭하지 않고 친절하게 말하고 싶어
진다. 경청하는 자세를 확실히 보여주자.

참고로 외국계 기업에 물어보면 상사가 부하 직원에
게 화를 내는 빈도가 일본이나 한국 기업보다 압도적으
로 적다. 상사들이 지닌 기본 인식이 다르기 때문이다.

- 화를 내봤자 부하 직원의 성장에 도움이 되지 않는다는 사
  실을 대부분 관리자가 안다.
- 따라서 '발끈하는 것은 부하 직원 관리에 서투른 탓'이라는
  평가밖에 받지 못한다.
- 갑질하는 상사는 언제 해고되어도 이상하지 않다.

단, 부하 직원의 성장치나 능력이 기대를 크게 밑돌 때
에는 상당히 엄격하게 평가한다. 성적이 나쁘면 유예기
간이 주어지며 '업적 개선 프로그램'Performance Improvement
Program을 거치거나 자진 사퇴하는 선택지밖에 주어지지
않는다. 조용하고 냉정하고 건조하게 처분이 진행된다.

상사가 화내지 않으니까 평화로우리라 생각하면 큰 오산이다.

요컨대 시끄럽게 야단을 맞든 조용하게 지도를 받든 부하 직원은 스스로 성장해 조직에 공헌하고 자립하는 것이 최우선이다.

상사에게 보내는 조언

몇 번을 말해도 못 알아듣는 부하 직원에게 화가 치미는 마음은 이해한다. '이 녀석을 키워 낼 마음이 굴뚝같은데 도무지 말을 못 알아듣는' 상황이라면 속에서 천불이 날 테다.

다만 시대가 바뀌었다. '연장자'니 '선후배'니 하는 말은 요즘 청년들에게 별 의미가 없다. 그들은 '가르치는 것도 일, 배우는 것도 일'이라고 생각한다. 이러한 현실을 무시한 채 끝까지 "틀렸어!"라고 부르짖은들 문제는 해결되지 않고, '툭하면 흥분하는 성가신 인간'이라는 꼬리표가 붙어 '기피 상사'가 될 뿐이다.

차라리 어떻게 부하 직원을 가르치고 의욕을 북돋울지 적극적으로 방안을 강구하라. 최종 목표는 부하 직원의 성장과 부서 전체의 성과 증진이다.

화내는 상사를 달가워하는 직원은 없고, 상사에게 혼나면 의욕도 푹 꺾인다. 부하 직원의 비위를 다 맞춰 주라는 말은 아니다. 교육에는 어느 정도 엄격함이 필요하다. 미움받지 않으려 미지근하게 굴지 말고, 냉정하게 가르쳐 훗날 존경받는 상사가 되는 것이 훨씬 바람직하다. 다만 '할 말은 하는' 사람과 '길길이 날뛰는' 사람은 전혀 다르다.

"작은 선의는 대악大惡에 가깝고, 큰 선의는 비정非情에 가깝다"라는 말이 있다. 과한 친절은 작은 선의처럼 보이지만 실은 본인에게 도움이 되지 않는 대악일 수 있고, 큰 선의는 엄격한 교육처럼 비정해 보일 수 있다는 뜻이다. 이따금 떠올려 볼 만한 말이다.

업무와 관계없는 일로 방해하는 상사

당연한 소리지만 회사는 일을 하는 장소다. 놀러 오는 곳이 아니다. 그렇다고 업무와 관계없는 이야기를 아예 하지 말자는 건 아니다. 적당한 잡담은 사람 사이의 거리를 좁히고, 직장 분위기도 밝게 한다.

하지만 정말이지 아무짝에도 쓸모없는 잡소리는 금물이다. 상사의 허튼소리로 업무에 방해를 받으면 부하 직원도 견딜 재간이 없다. "퇴근하고 집에 가면 뭐 해?" 같은 사생활 침해부터 "요즘 애인이랑은 잘 지내?"라든가 "셔츠가 그게 뭐야? 안 어울려" 같은 성희롱까지…….심지어 음담패설을 일삼는 얼간이도 있다.

사생활과 관련해서는 SNS로 친구 신청을 수락해라, "좋아요"를 눌러라, 자기를 팔로우해라 등을 강요하는 상사도 많다고 한다.

주말, 공휴일 등 쉬는 날에도 같이 골프를 치자는 둥 야구를 하자는 둥 취미를 함께하려 드는 상사도 있다. 부하 직원이 함께하고 싶어 한다면야 또 모를까, 주말은 친구나 가족과 보내고 싶지 않겠는가. 아니면 업무에서 벗어나 활력을 되찾는다든가 업무와 관련된 공부를 하는 편이 더 건설적이다.

대책

직장에서 말을 걸어올 때는 화제를 일 이야기로 전환하는 것이 정공법이다. 그 상사는 지금 시시껄렁한 잡담을 할 만큼 한가하니 궁금했던 점이 있다면 이참에 싹 질문하자.

아예 대화를 하고 싶지 않다면 직간접적으로 거절해도 된다.

"이 얘기는 나중에 회식에서 해주시면 좋겠습니다."

"죄송합니다. 지금은 일을 서둘러야 해서……."

휴일까지 침범하려 드는 상사는 '선약'을 핑계로 피하는 게 낫다. 그편이 말하기 수월할뿐더러 상사의 심기를 건드리지 않는 방법이다.

SNS와 관련된 요구는 "지금은 친구 신청을 안 받고 있습니다"라든가 "개인 취미에 대한 내용이 많아서요"라는 말로 거절해도 된다. SNS는 업무상 의무가 아니므로 거절해도 문제가 되지 않는다.

어떤 경우든 상사가 너무 끈질기다면 더 윗사람에게 말하거나 제5장에서 소개할 '불량 상사와 싸우는 방법' 을 택하는 것도 좋다. 이런 경우는 명백한 상사의 잘못이 기 때문이다.

상사에게 보내는 조언

업무와 관계없는 말만 늘어놓거나 쉬는 날까지 부하 직원에게 간섭하는 행위는 논할 가치도 없는 잘못이다. 당장 그만두기 바란다. SNS도 상사가 부하 직원에게 이래라저래라 명령할 권리는 없다.

혹시 부하 직원과의 거리를 좁히고 싶다면 회식 자리를 마련하든 가볍게 점심을 같이하면 된다. 부하 직원의 업무를 방해하지는 말라.

자기 자랑만 하는 상사

부하 직원이 자신의 경험담을 듣고 본보기로 삼았으면 하는 마음에서 비롯된 행동이겠지만 거만하게 떠벌리거나 똑같은 이야기를 골백번 하면 듣는 사람은 넌더리가 난다. 결국 부하 직원에게 자기의 경험을 들려주겠다는 본래 목적은 사라지고, 자기 자랑으로 끝나는 때가 부지기수다.

대책

첫째, 메모하면서 듣는다. 중요한 내용은 받아쓰고, 자기 자랑이 시작되면 손을 멈춘다.

42~43쪽에서 설명한 대로 경청하는 자세에는 눈 맞추기, 고개 끄덕이기, 맞장구 치기, 따라 말하기, 요약하기, 메모하기, 질문하기가 있다. 이중에서 나쁜 상사에게 가장 효과적인 작전은 '메모하기'다. 평소부터 메모를 하면 제아무리 나쁜 상사라도 헛소리만 내뱉지는 못한다. 메모하던 부하 직원의 손이 뚝 멈추면 '아차!' 하고 깨달

을 가능성도 있다.

둘째, 흘려듣는다. 누구라도 남에게 잘 보이거나 자기 의견을 내세우고 싶을 때가 있다. '누구나 자기 무용담 한두 개쯤 자랑하고 싶을 때가 있는 법이지'라는 마음으로 흘려듣는 편이 낫다. 똑같은 이야기를 귀에 못이 박히도록 들어 도저히 견딜 수 없다면 "전에도 듣긴 했습니다……" 하고 넌지시 말해도 좋다.

한편 업무 능력이 뛰어난 사람 중에도 똑같은 이야기를 몇 번씩 하는 사람이 있다. 내가 굉장히 존경하는 멘토도 그런 분인데, 여러 번 들은 이야기가 또 시작되면 나는 '그러려니' 하고 듣는다. "그 말씀은 전에도 들었습니다"라고 말할 용기는 차마 없는지라 '좋은 이야기는 몇 번을 들어도 좋지'라고 자신을 타이르고 있다.

상사에게 보내는 조언

상사가 부하 직원에게 업무 방식을 이해시키기 위해 과거 사례를 끄집어내는 것 자체는 아무 문제가 없다. 단, 성공담과 실패담 중 어느 쪽이 부하 직원에게 공감을 불러일으킬지 생각해 볼 필요가 있다. 후자가 그럴 확률이 더 크다.

자신을 숨김없이 드러내는 일, 다시 말해 자기 노출 Self-disclosure은 상대방에게 친근감을 높여 준다. 자기 노출이 가능하다는 것은 그 사람의 그릇이 크다는 증거이고, 우뇌 능력(인성)이 뛰어나다는 뜻이기도 하다. 스스로를 감춘 채 백날 똑같은 이야기로 자기 자랑만 떠벌리면 상대는 지쳐 버린다.

설교만 늘어놓는 상사

부하 직원을 붙들고 주야장천 설교를 늘어놓는 상사가 있다. 참 피하고 싶은 유형이다. 10분쯤 서서 이야기하고 갈 줄 알았더니 아예 자리를 잡고 앉아서 이러쿵저러쿵 어디선가 들어본 듯한 훈화를 줄기차게 한다. 중요한 회의가 상사의 연설 시간으로 변질되면 일의 효율도 뚝 떨어진다.

대책

평소 나쁜 상사일지라도 바른말을 할 때가 있으므로 참고가 될 법한 이야기는 새겨듣는다. 상사는 '전부터 계속 얘기했는데 여태 시정되지 않았다'라고 생각할 수도 있다. 설교하는 이유가 정말 부하 직원의 업무태만 때문이라면 상사는 자신의 일(부하 직원 관리)을 하는 것뿐이니 진지하게 받아들여야 한다. 반대로 상사의 지시를 착실하게 따르고 있다면 "네, 지시하신 대로 실행하고 있습니다"라고 담담하게 전달하면 된다.

상사에게 보내는 조언

그동안의 선례를 들어 부하 직원을 설득하려는 마음은 절실히 이해한다. 하지만 당신이 그렇게 이야기하더라도 부하 직원이 귀담아듣는 것은 다른 문제다. A가 선례를 끌어와서 이야기하면 귀를 쫑긋 세우지만 동일한 예를 B가 언급하면 귓등으로도 안 듣는 상황도 얼마든지 일어난다.

하물며 남에게 들은 이야기를 그대로 읊는다면 얼마

나 효과가 있겠는가. 불확실한 기억을 더듬어 어설프게 설명하면 듣는 사람은 짜증만 난다. 어떤 일을 왜 해야 하는지 먼저 진심으로 이해하고, 꾸준히 행동으로 옮기다 보면 자연스레 상대의 마음에 가닿는다. 솔선수범이야말로 부하 직원 관리의 초석이다.

무뚝뚝한 상사

인사조차 하지 않는 무뚝뚝한 상사도 문제다. 인사는 의사소통의 기본이다. 아침부터 눈을 내리깔고 어두운 표정으로 다니는 상사 밑에서 활기차게 일할 직원은 없다. 또한 대화도 활기도 없는 직장에서는 좋은 성과를 내기 어렵다.

이런 상사는 부하 직원을 친근하게 대하지 못한다. 또한 부하 직원 대하는 법을 모르기 때문에 원활한 의사소통이 어렵다. 낯가림이 심하다는 핑계로 자기 껍데기 속에 틀어박혀 지내는 경우도 있다.

대책

현직 아나운서에게 들은 정보인데, 목소리 톤을 높여 "안녕하세요"라고 말하면 또랑또랑하게 들리지만 낮은 톤으로 말하면 흐릿해진다. 나도 직접 해보고 깨달았다. 인사에 서툰 사람은 목소리 톤을 조금만 높여도 효과 만점이다. 이렇게 해보면 어떨까?

- 높고 큰 목소리로 먼저 인사한다.
- 거리를 좁히는 의미에서 먼저 말을 건다.
- 상사의 상사도 알고 있을 테니 그에게 협력을 부탁한다.

상사에게 보내는 조언

리더에게는 좌뇌와 우뇌의 능력이 모두 필요하다.

나는 69쪽의 표처럼 좌뇌 능력(실력)과 우뇌 능력(인성)을 구별한다. 모든 능력을 다 갖추는 게 쉽지 않지만 좌뇌형 리더는 우뇌 능력을 단련하고, 우뇌형 리더는 좌뇌 능력을 겸비하도록 훈련하자. 존경받는 인물은 대부분 좌뇌와 우뇌 능력이 균형적이다.

참고로 '미소'는 대표적인 우뇌 능력이다. 의사소통의 기본이자 대인관계의 큰 무기이고, 돈도 들지 않는다.

좌뇌형 리더와 우뇌형 리더	
좌뇌형 리더	**우뇌형 리더**
[실력]	[성품]
☐ 노련하게 방침을 결정한다.	☐ 미소가 멋지다.
☐ 기획력이 출중하다.	☐ 명랑하다.
☐ 이해력, 설득력이 높다.	☐ 유머러스하다.
☐ 분석력이 뛰어나다.	☐ 심성이 착하다.
☐ 판단력, 결단력이 우수하다.	☐ 마음이 따뜻하다.
☐ 논리적이다.	☐ 정이 깊다.
☐ 조직적인 활동에 능숙하다.	
☐ 적절한 수단으로 문제를 해결한다.	[사고방식과 마음가짐]
☐ 전문성, 기술이 탁월하다.	☐ 일관성이 있고, 흔들리지 않는다.
☐ 우선순위를 파악할 줄 안다.	☐ 말에 책임을 진다.
☐ 표준화, 체계화에 능하다.	☐ 솔직하게 자기 책임을 인정한다.
☐ 지도, 지시, 명령이 명확하다.	☐ 긍정적으로 생각한다.
	☐ 아는 척하지 않고, 자신을 숨김없이 드러낸다.
	☐ 자신의 실패담을 거리낌 없이 말한다.
	☐ 거만하지 않다.
	☐ 배려할 줄 안다.

출처: 『그릇이 큰 리더가 되라 大きな器のリ-ダ-になれ』(후루카와 히로노리 저)

사소한 일에 집착하는 상사

완벽주의자여서 매사에 100점 만점이 아니면 불안해하는 사람이 있다. 나무를 보느라 숲을 미처 보지 못하는 유형이다.

상사 중에도 내가 '부서의 편의'라고 부르는 상태에 집착하는 부류가 있다. 이들은 꼭 1원 단위까지 계산을 맞춰야 하고, 물류 관리는 반드시 전수검사로 진행해야 직성이 풀린다. 일종의 직업병 혹은 강박증이다.

자기만의 원칙도 물론 중요하지만 무슨 일이든 속도와 완성도의 균형이 맞아야 한다. 자신이 추구하는 '부서의 편의'만을 고집하는 태도는 문제가 있다.

대책

더 중요한 안건, 더 집중해야 할 일이 무엇인지 상사가 알 수 있게 해야 한다.

떡하니 결과물을 완성해서 가져가는 편이 모양새야 좋겠지만 이 부류의 상사는 허점을 잡아내고 싶어 한다.

시간이 걸리는 업무라면 도중에 한번 상사에게 보여주고, 합의를 본 다음 끝맺도록 하자.

예를 들어 고객을 대상으로 하는 설명용 자료를 만들라는 지시가 내려왔다고 치자. 그럼 파워포인트 작업까지 완료한 뒤 상사에게 가져가지 말고, 파워포인트에 넣을 내용을 A4 1장으로 정리해서 가져간다. 이 단계에서 상사의 허가가 떨어지면 그때 파워포인트 슬라이드를 제작하면 된다.

그리고 자신이 처리해야 할 일의 목록을 보여주어 지금보다 더 속도를 내야 한다는 점도 이해시켜야 한다.

상사에게 보내는 조언

비즈니스는 결과를 내는 것이 최우선이다. 일의 모든 과정이 100점 만점일 수는 없다. 게다가 그 100점도 한 명의 상사가 매긴 점수이므로 정당한 평가인지는 확실하지 않다. 더 윗사람의 눈에는 무의미해 보일 수도 있고, 아주 불공평한 기준으로 매긴 점수일 가능성도 있다.

상사는 '이 일에서 무엇이 중요하고, 무엇은 그렇게까

지 신경 쓸 필요가 없는지' 즉 '무엇에 집중해야 하는지'를 부하 직원에게 명확히 제시해야 한다.

가령 자료를 만든다면 대상 연령대나 직위 등 속성을 알려 준다. "임원이 볼 테니 요점은 간결하게, 글자는 큼직하게 정리할 것", "재정팀이 볼 테니 그만큼 상세한 데이터를 준비할 것"과 같이 포인트를 짚어 주라는 소리다. 이는 '고객에게 무엇이 제일 중요한가?'라는 비즈니스의 기본과 일맥상통한다.

덧붙여 부하 직원 중에도 자신의 '업무상 편의'에 치중하는 사람이 있다. 부하 직원이 세부적인 일에만 신경 쓴다면 핵심적인 업무에 주력하도록 지도하고, 중요하지 않은 안건은 완성도가 80% 정도여도 괜찮다고 가르친다.

조잡하고 애매모호한 지시를 내리는 상사

상사의 머릿속이 복잡하거나 자기 일로 허덕일 때, 이런 문제가 발생한다. 상사가 플레잉매니저 playing manager 라면 후자일 확률이 높다. 플레잉매니저란 담당자와 관리자의 업무를 겸임하는 사람을 가리킨다. 두 업무를 모두 소화하려면 정신력이 강하고, 다방면에서 업무 감각이 뛰어나야 하기 때문이다.

대책

어느 날 뜬금없는 지시를 받았다면 꼭 이유를 물어보자.

일단 이유를 듣고, 현재 진행 중인 업무의 일정과 내용을 알아듣기 쉽게 설명한 뒤, 그와 반대되는 지시를 철회하거나 기한을 연장해 달라고 요청한다. 이때 부하 직원이 짜증을 내거나 감정적으로 대응하는 실수를 많이 저지르니 주의하기 바란다. 부정적인 감정이 섞이면 혼란만 더 가중된다.

상사의 일이 일단락되었을 때에 맞춰 "나중에 10분만 내주실 수 있을까요? 대략 몇 시쯤부터 괜찮으세요?"라고 슬쩍 물어보고, 차분한 상태일 때 이야기하는 것도 방법이다.

평소부터 미리 상사와 대화 가능한 시간대를 정해 두는 방법도 좋다.

상사에게 보내는 조언

직접 지시한 일이나 부하 직원의 상담 요청은 자기 일보다 우선시한다는 방침을 세운다. 익숙해지기 전까지는 좀 어렵겠지만 이렇게 결심하면 부하 직원이 불쑥 찾아와도 짜증이 나지 않는다. 부하 직원보다 자기 일을 우선시한다면 '한창 바쁜 시간에……' 라는 마음이 들며 언짢아진다.

시간을 확실히 구분해 공지하는 방법도 추천한다. "돌발 상황 이외의 상담은 가급적 오전 중에 합시다" 등 부하 직원에게 그날그날 설명해 두면 대화 타이밍을 맞출 수 있다.

일을 맡기지 않는 상사

부하 직원에게 좀처럼 일을 맡기지 않는 상사가 꽤 많다. 그중에서도 나쁜 상사는 크게 세 가지 유형으로 나뉜다.

> Ⅰ. 너무 바빠 부하 직원까지 관리할 시간이 없다며 상사 역할을 다하지 않는 상사
>
> Ⅱ. 배려가 지나쳐 부하 직원에게 일을 맡기지 못하는 상사
>
> Ⅲ. 부하 직원이 진행하려는 일을 허락하지 않는 상사

Ⅰ, Ⅱ는 성격과 능력에 문제가 있는 무능한 상사다. 이 유형은 이제부터 설명할 〈상사에게 자주 보고하기〉로 대처하면 대부분 해결된다.

Ⅲ은 태도에 문제가 있는 불량 상사다. 이 유형은 113쪽 〈부하 직원이 하려는 일을 허락하지 않는 상사〉에서 자세히 설명하겠다.

나쁘지 않은 평범한 상사지만 다른 이유로 부하 직원

에게 일을 맡기지 못하는 사람도 많다.

> (A) 부하 직원의 업무 능력이 미덥지 못해서.
>
> (B) 자기가 하는 편이 빠르다고 생각해서.
>
> (C) 실패 시 책임소재가 분명하지 않아 불안해서.

대책

젊은 사원들의 의욕을 북돋우려면 적절히 일을 맡겨야 한다. 그런데도 일을 맡기지 못하는 이유는 (A)가 압도적으로 많다. 부하 직원이 (A)를 뛰어넘어 일을 배정받으려면 '수시로 보고'하겠다는 뜻을 전달하고 실행해야 한다. 부하 직원의 실력이 걱정스러운데 그에게 덜컥 일을 맡기기는 어려운 노릇이다.

(A)는 (C)와도 연관이 있다. '아직 미숙한 부하 직원에게 일을 맡겼다가 정해진 기한까지 실적을 못 내면 어쩌나' 하는 걱정이 '결과가 안 나오면 내가 책임져야 한다'라는 불안으로 이어지기 때문이다. 상사의 불안이 해소되어 부하 직원을 신뢰하게 되면 (B)도 자연히 해소된다.

거듭 말하지만 보고가 잘 이루어져야 상사도 안심하고 일을 맡길 수 있다. 보고는 세 가지로 분류된다.

①경과보고: "방금 고객님이 전화로 ○○의 견적을 요청하셨습니다. 일단 ××원을 제안하고 싶은데 괜찮을까요?"와 같이 경과를 보고한다.

②완료보고: "아까 지시하신 복사는 완료했습니다", "○○영업부에 전달했습니다" 등 주로 세세한 지시가 완료되었다는 사실을 상사에게 전달한다.

③결과보고: 말 그대로 일의 결과를 보고한다. 바로바로 보고하는 것이 관건이다.

셋 중에서도 경과보고가 가장 중요하다. 상사의 전폭적인 신뢰를 받는 직원이 아니고서야 경과보고는 기본적으로 자주 해야 한다. 경과보고 없이 결과보고만 하면 상사는 불안해지고, 결국 어지간해서는 일을 맡기지 않는다. 수시로 경과보고를 해야 상사도 안심하고 일을 맡길 수 있다.

완료보고는 꽤 간단한 경우가 많으니 적극적으로 수행하자. 상사가 무언가 지시하면 "네, 알겠습니다" 하고 따르긴 해도 "다 했습니다" 하고 완료보고를 하는 사람은 흔치 않다. 작은 일이어도 부하 직원이 보고하지 않으면 지시사항이 완료됐는지 아닌지 상사는 알 길이 없으므로 꼭 보고하기 바란다. "○○ 끝났습니다" 정도의 짧은 완료보고는 2초면 가능하다.

보고라는 기본 작업이 제대로 이루어지는 직장과 그렇지 않은 직장은 모든 면에서 차이가 난다.

부하 직원이 보고를 많이 한다고 불평하는 상사는 거의 없다. 일은 잘하지만 보고가 뜸한 부하 직원보다 일은 그럭저럭해도 보고가 잦은 부하 직원을 높이 평가하는 상사가 오히려 더 많다.

상사가 잦은 보고를 귀찮아할까 봐 걱정된다면 "저번에 말씀드린 건과 관련하여"라든가 "혹시 몰라서"라는 명분을 내세워 일의 진행 상황을 설명해도 좋다.

상사가 바빠 보인다는 이유로 보고를 생략하는 사람도 종종 눈에 띄는데, 절대 그래서는 안 된다. 변명으로밖에 들리지 않으니 먼저 아래와 같이 양해를 구한 뒤 보고하도록 한다.

"시간 있으실 때……?"

"틈나실 때 잠시만 시간을 내주세요."

"이전에 지시하신 ……를 보고 드리려고 하는데, 언제 시간이 괜찮으실까요?"

상사에게 보내는 조언

상사는 왜 부하 직원을 지도하고 관리해야 하는가? 부서의 목표를 명확히 설정하여 실적을 최대로 이끌어 낼 의무가 있기 때문이다.

리더가 혼자 일을 떠안으면 부서의 생산성은 제한된다. 특히 플레잉매니저에게서 '일을 도맡아 하며 잔업도 마다않고 애쓰는' 태도를 자주 볼 수 있는데, 안타깝지만 상사의 본분에 어긋난다. 시간이 걸리더라도 부하 직원을 교육하고, 업무를 분산하여 부서 전체의 생산성을 높여야 한다.

　부하 직원에게 일을 맡겨야 의욕이 높아진다는 것을 알면서도 '실패하면 어쩌나' 싶어 선뜻 맡기지 못하는 마음은 충분히 이해한다. 하지만 보고를 자주 받으면 중간에 노선을 수정할 수 있고, 결과적으로 분업도 가능해진다. '일을 맡으려면 보고를 잘해야 한다'라는 규칙을 부서 내에 정착시키자.

맡기는 것과 떠맡기는 것의 차이를 모르는 상사

일을 '맡기는 것'과 '떠맡기는 것'을 혼동하는 상사가 있다. 앞에서 이야기한 대로 상사는 일을 맡김으로써 부하 직원의 의욕을 고취할 수 있다. 그렇지만 아예 통째로 일을 떠맡겨 버리면 부하 직원은 난처해진다.

　상사가 일을 맡긴다는 것은 그 일의 목적, 진행 방식, 완성도, 기한 등을 부하 직원과 공유한다는 뜻이다. 이러한 조건하에서 부하 직원은 재량껏 업무를 수행하면 된다. 최종 책임은 당연히 상사가 진다.

반면 일을 떠맡기는 상사는 "이거 부탁해" 하고 일방적으로 지시한다. 무엇을 위해, 어떻게, 어느 수준으로, 언제까지 하면 되는지 알려 주지 않는다. 그러고는 부하 직원이 어찌어찌 일을 해 놓으면 "여기가 틀렸어. 이건 안 돼"라며 지적한다.

원래 상사는 일을 맡길 때 그 일의 내용을 숙지하고 있어야 한다. 즉, 자기가 할 줄 아는 일을 맡겨야 한다. 그것이 대전제다. 자기도 잘 모르거나 못하는 일을 부하 직원에게 넘기는 행위는 '맡기는' 게 아니라 '떠맡기는' 것이다.

대책

작업에 착수하기 전에 일의 목적, 진행 방식, 완성도, 기한 등을 상사와 함께 확인한다. 그리고 작업 중간에 일의 개요와 초안을 상사에게 보여주고 동의를 얻어 놓는다. 다 끝난 다음에 와서 "이건 아니지"라는 소리를 하지 못하도록 말이다.

상사에게 보내는 조언

일을 떠안아 버릇하는 상사도 문제지만 부하 직원에게 떠맡겨 버릇하는 상사도 문제다. 심지어 본인이 해야 할 일을 하기 싫어서 부하 직원에게 떠넘긴다면 그야말로 최악이다. 업무를 배정하여 부하 직원의 역량을 증진하고, 이로써 부서 전체의 생산성을 높이는 것은 상사의 주요 업무임을 명심하자.

갑질하는 상사, 성희롱하는 상사

물건을 집어 던지거나 발로 걷어차는 등 신체적 폭력을 휘두르는 상사는 이제 확연히 줄어들었다. 그러나 고래고래 소리를 지르거나 폭언을 하는 상사는 여전히 있다. 여성 직원에게는 성희롱도 심각한 문제다.

지금은 "다양성diversity"이 각광받는 시대다. 기업에서도 국적, 나이, 성별을 불문하고 직원을 채용해 다양한 의견을 듣고 경영에 활용하려는 움직임이 커지고 있다.

하지만 이런 환경일지라도 고함치고 압박하는 상사가 있으면 부하 직원은 위축되어 자기 의견을 내지 못한다.

폭력적인 상사의 마음속에는 앞서 설명한 낡은 가치관이 자리 잡고 있다. 익히 알려졌다시피 예전에는 '스파르타 교육'이 지배적이었다. 엄격한 교육을 중시하여 폭력적인 언행이 여봐란듯이 통용되었고, 가르치는 사람의 열의가 드러난다며 긍정적으로 해석되기까지 했다. 한편 배우는 사람에게 허용된 대답은 "네, 알겠습니다" 밖에 없었다. 그때는 그런 광경이 흔했다. 일상다반사까지는 아니었지만 나 역시 주변에서 몇 번이고 목격했다.

그 시절에 일을 배운 사람들은 자기가 배웠던 대로 가르치는 것뿐이지만 옛날처럼 위압적으로 가르치면 요즘 청년들은 움츠러든다. "네, 알겠습니다"라고 대답은 해도 마음이 크게 위축된다. 심하면 우울증 같은 마음의 병이 생기기도 한다.

모름지기 상사는 논리적으로 부하 직원을 설득해야 한다. 부하 직원에게 분노를 터뜨리거나 공격적으로 군

다면 자신에게 설명력과 논리력이 없다는 증거를 보여
줄 뿐이다.

　재차 말하지만 외국계 기업에는 부하 직원에게 호
통치는 사람이 매우 드물다. 그랬다가는 컴플라이언스
compliance（회사규범에 따라 공정하고 공평하게 업무를 수행할 의
무） 문제로 단번에 해고된다. 하물며 성희롱하는 상사는
두말할 필요가 없는 불량 상사다. 지체 없이 반격에 나서
도 상관없다.

대책

폭언이든 성희롱이든 공개적인 질타든 아마 상사의 상
사도 일어난 일을 모르지 않을 것이다.

　더 윗사람에게 "갑질（성희롱） 문제가 있습니다"라고
말하자. 여러 명이 신고하면 상부에서도 해결해야 할 과
제로 강하게 인식한다.

상사에게 보내는 조언

당장 고쳐라. 리더라면 회사의 컴플라이언스（준법）와 거

버넌스_{governance}(협치)가 얼마나 중요한지 알아야 한다.

다른 부서의 갑질(성희롱) 사건에 대해 들었다면 즉시 담당자에게 신고하라. 이것은 '밀고'가 아니라 회사의 지속가능성과 연관된 중요한 사안이다.

거만한 상사

거만한 상사는 골칫덩어리다. 그래 봤자 아무런 득이 없는데도 괜히 으스대고 싶어 한다. 이를테면 갓 중간 관리자가 된 신출내기 중에는 관리직이 되었으니 부하 직원을 힘껏 이끌어야 한다며 어깨에 힘을 주는 사람이 있다. 중간 관리자로서 부하 직원에게 업무를 지시하거나 명령을 내릴 수는 있지만 잘난 척과 혼동해서는 안 된다.

큰 사업을 일으켜 많은 부하 직원을 둔 선배가 했던 말이 있다. "부하 직원에게 거들먹거리는 사람일수록 상사에게는 굽실거리지. 한심해." 지나치게 굽실거려 속내가 훤히 보이는 아첨꾼일수록 부하 직원에게는 목을 뻣뻣이 세운다.

항공사에서 일하는 친구가 재미있는 이야기를 해주었다. 퍼스트클래스, 비즈니스클래스, 이코노미클래스 탑승객 중 누가 가장 거드름을 피울까?

이코노미클래스의 여행자는 여행을 즐기는 것이 목적이므로 기내에서 거만하게 굴지 않는다. 이코노미클래스에 탑승하여 출장을 가는 청년도 거드름을 피우지는 않는다. 퍼스트클래스 탑승객은 여행이든 출장이든 다른 사람에게 감사하는 마음을 갖고, 아랫사람에게도 점잖게 말을 건넨다.

사실상 가장 거만한 탑승객은 비즈니스클래스 이용자라고 한다. "서비스가 형편없네!"라든가 "이거 빨리 해달라니까?"라는 식으로 무례하게 말하는 사람이 수두룩하단다. 그중에는 직위가 부장쯤 되어 회사 비용으로 비즈니스클래스에 탔으면서 자기가 잘난 줄 착각하는 양반까지 있다.

유형별 나쁜 상사의 문제점과 대책

거만하게 굴면서 우월감을 맛보고 싶은지도 모르겠으나 이런 사람은 그 뒷면인 열등감도 느끼게 마련이다. 그래서 아랫사람에게 거들먹거릴수록 윗사람에게는 굽실거릴 확률이 높다.

대책

이들과는 싸워 봐야 헛일이다. 우월감과 열등감에 얽매인 딱한 사람이라고 여기면 그것으로 족하다. 거만한 상사의 상사도 그렇게 여기고 있을 테니까.

상사에게 보내는 조언

젠체하며 약자를 업신여기는 사람은 회사 안에서나 밖에서나 꼴불견이다. 부하 직원과 상사 모두에게 그 속내가 뻔히 보인다. 거만하게 굴지 말자. 부하 직원을 보호하고, 때로는 상사의 잘못도 용기 있게 지적할 줄 아는 믿음직한 직장인이 되길 바란다.

의견을 내면 싫어하는 상사

남의 의견을 듣지 않는 상사는 어디에나 있다. 심지어 바른말을 하면 화를 내는 상사도 있다. 그렇다고 가만히 있으면 일이 잘못된 방향으로 흘러간다. 이럴 때는 어떡하면 좋을까?

내 지인 중에 일을 잘하는 여성 사외이사가 있다. 서글서글한 태도와 표정으로 성과를 이끌어 낼 줄 아는 그에게 인상 깊은 말을 들었다.

"모나지 않게 바람을 일으킨다."

분위기가 나빠지지 않도록 완곡하게 부정하면서 변화의 필요성을 호소하라는 말이다. 둥글둥글한 말로 온화하게 이야기하되 다른 회사의 사례를 끌어오는 등 근거를 명확하게 제시하자는 작전이다.

대책

방금 소개한 "모나지 않게 바람을 일으킨다"라는 말을 기억해 두자. 비판의 날을 세워야 할 경우에도 감사의 뜻을 표하면서 정중하고 완곡하게 말해야 한다.

회사에서 실적을 올리고 또 자기 입장을 관철하려면 때때로 상사에게 바른말을 해야 할 필요가 있다. 단, "당신은 틀렸습니다"라고 직설적으로 말하면 불난 집에 기름을 끼얹는 격이라 역효과만 난다. 스스로를 지키기 위해서라도 싱글싱글 웃는 낯으로 '모나지 않게' 일을 진행하자.

상사에게 보내는 조언

실제로도 그런 근무 환경에서 일할 수도 있지만 당신의 상사가 '의견을 내면 싫어하는 사람'이라고 생각해 보라. 얼마나 곤란하겠는가. 부하 직원도 똑같은 상황이다.

그뿐만이 아니다. 상사가 윗사람을 움직이지 못하면 부하 직원이 의지할 대상이 못 되어 아무도 찾지 않는다. 부하 직원이 아무리 제안을 해도 헛수고로 끝나니 '일 못하는 상사'로 평가될 수밖에 없다.

만약 당신의 상사가 남의 의견을 듣지 않거나 바른말을 들어도 화를 내는 사람이라면 중간에 낀 당신이 슬기롭게 대처해야 한다. 직구를 던지면 안 되겠다 싶은 상대에게는 '모나지 않게 바람을 일으키는' 작전이 필요하다.

설명을 못하는 상사

부하 직원에게 내용을 똑바로 전달하지 못하는 상사가 있다. 이 부류의 상사는 지시를 단편적으로 한다. 목적을 설명하거나 문제점을 정리하지 않고, 설명을 순서대로 하지 않는다. 부하 직원이 알아듣기 쉽게 설명하는 일도 상사의 중요한 임무건만 그것이 자기 일인지조차 모르는 상사가 많아 큰일이다.

부하 직원에게 설명을 못하는 상사는 외부인에게도 설명을 못한다. 예를 들면 외부인에게 전문 용어를 남발한다. 자기가 속한 업계만 생각하고 타인에 대한 배려가 부족하다. 그럴싸한 전문 용어를 써서 특별한 지식을 갖춘 사람으로 보이려 하겠지만 남들 눈에는 '어리석은 사람'으로 비칠 따름이다.

어려운 내용을 쉽게 설명하지 못하는 유형도 난감하다. 설명력이 뛰어난 사람, 예컨대 노련한 변호사나 공인회계사는 전문 분야를 일반인도 알아듣기 쉽게 설명한다. 전혀 다른 분야에 있는 사람에게 현장의 전문성을 설명해 봤자 상대는 알아듣지 못한다. 상대에 따라 설명 수준을 달리해야 한다.

더욱 심각한 유형은 '일부러 설명하지 않는 상사'이다. 이들은 부하 직원이 진지하게 설명을 요청해도 묵묵부답이다. '고의로' 그러는 것인데 어련하겠는가. 이들을 어떻게 상대하면 좋은지는 불량 상사와 싸우는 방법을 다룰 제5장에서 설명하겠다.

대책

설명이 서툰 상사에게는 적극적으로 설명을 요청하고, 구체적으로 질문해야 한다. 나아가 기분 좋게 설명해 줄 만한 분위기를 조성해야 한다. 이때 유효한 방법이 앞에서도 언급한 경청(42~43쪽 참조)이다.

어쩌다 상사가 설명을 잘해준다면 "설명을 들었더니

확실히 이해가 되네요. 다음 업무도 감이 잡힙니다"라고 감사의 마음을 표현한다. 그러면 상사는 더 긍정적인 태도로 당신을 대할 것이다.

상사에게 보내는 조언

설명을 귀찮아해서는 안 된다. "그거 해 놔"라고 단편적인 지시만 내리면 부하 직원은 영영 성장하지 않는다. 부하 직원이 일의 전반적인 흐름을 모르면 매번 상사의 지시가 필요하므로 나중에는 상사가 더 귀찮아진다.

"사람에게 물고기 한 마리를 잡아 주면 하루를 먹을 수 있지만 물고기 잡는 법을 가르쳐 주면 평생 먹을 수 있다."

그때그때 기회가 있을 때마다 지시하는 편이 시간을 절약하는 것처럼 보이지만 전체적인 시간과 수고를 헤아리면 그렇지 않다. 처음에 다소 시간이 걸리더라도 일의 진행 방식을 차근차근 가르치는 편이 부하 직원에게나 상사에게나 이득이다. 일을 부분적으로만 시키면 결국은 상사 본인이 중요한 일을 도맡아야 해서 갈수록 힘들어진다.

　단편적인 지시만 내릴 게 아니라 일의 목적과 수단을 명료하게 설명해 줘야 부하 직원이 스스로 생각하며 일할 수 있다. 더구나 같은 목적을 공유하면 일이 잘됐을 때 성취감도 공유할 수 있다. 이로써 서로 의욕을 고취하고, 신뢰 관계를 강화하여 더 잘하고 싶은 마음을 유지하는 등 선순환이 시작된다.

아는 척하는 상사

부하 직원을 비롯한 주위 사람에게 통 질문하지 않는 상사가 있다. 한마디로 아는 척하는 상사다. 이 부류는 자신을 과시하고 싶은 이상한 자존심이 있어서 질문하지 않는다. 전근이나 인사이동 직후에는 모르는 점이 많으니까 그러지 않겠지만 한 직장에 오래 있을수록 다른 사람에게 물어보는 것을 싫어한다.

　하지만 모르는데 모른다고 말하지 않는 사람은 어느

직장에서든 손해를 본다. 지식이 늘지 않으니 당연하다. 지식이 부족하면 모르는 일에 건성으로 대답하게 되어 나중에 꼭 문제가 생긴다. 그럼 머지않아 "저 사람은 모르겠지"라는 평가와 함께 신뢰를 잃는다.

부하 직원도 난처해진다. 상사가 아는 줄 알고 설명대로 실행했건만 뒤늦게 "나는 그렇게 생각하지 않았다", "내가 허락하지도 않은 일을 왜 하느냐"라고 딴소리를 하기 때문이다.

대책

"이거 아세요?", "이 부분은 아시지요?" 하고 직설적으로 물으면 상대도 발끈한다. 번거롭더라도 "저번에 말씀드린 안건에서 이 부분에 진전이 있습니다", "다시 말씀드리자면", "전에 말씀드렸는지 모르겠지만" 등 차분하고 예의 바르게 설명한다. 모르면 건성건성 대답하는 상사일지라도 자기가 아는 내용이 나오면 "그건 알지"라고 대꾸하므로 상사의 낯빛을 살피면서 아는지 모르는지 확인해 보자.

상사에게 보내는 조언

"묻는 것은 한때의 수치요, 묻지 않는 것은 평생의 수치"라고 한다. 일을 잘하는 선배들은 하나같이 질문을 주저하지 않았다. "그건 내가 모르니까 가르쳐 주겠어?", "그 부분을 모르겠군. 무슨 의미지?" 하고 즉시 질문했다.

세상만사를 다 아는 사람은 없다. 모르는 일이 있는 게 당연하다. 모르면 물어보자. 어렴풋이 알던 내용도 질문함으로써 확실하게 알 수 있고, 부하 직원은 대답하면서 자신의 이해도와 설명력을 높일 수 있다.

자신과 부하 직원을 위해 "그건 무슨 뜻인가?"라고 물어보는 용기를 가졌으면 좋겠다.

핑계만 대는 상사

"바쁘다, 바빠"가 입버릇인 상사는 달갑지 않다. 그들이 자꾸 바쁘다고 말하는 이유는 대체로 "바빠서 못한다"

라는 핑계가 필요해서다. 못할 경우를 대비해서 정당화할 핑계를 미리 만들어 둔다고 할까?

물론 "바쁘다"라는 말은 "지금 일이 벅차서 다른 일을 받지 못한다"라는 의사표시이기도 하다. 하지만 어떤 일에서나 예기치 못한 상황은 늘 발생하고, 정말 중요한 일에는 즉각 대응해야 한다. 착실한 상사라면 적어도 "바빠서 못한다"라는 변명은 입에 담지 않는다.

이 부서 담당인지, 저 부서 담당인지 판단하기 어려운 새 안건이 나왔을 때, "우린 바빠서…"라고 말하는 것은 엄연한 책임 회피다. 삼루수와 유격수 사이에 떨어진 땅볼은 삼루수든 유격수든 누군가는 주으러 가야 한다. 실패할까 두려워 움직이지 않고 본체만체한다면 상사로서 자격 미달이다. "바쁘다"를 남발하는 상사는 "나는 시간 관리를 못한다"라고 광고하는 사람과 다름없다.

"어렵다"를 연발하는 상사도 비슷하다. "어렵다, 어렵다" 하면서 "어려운 일이니까 실패해도 이상하지 않다"라는 핑계를 미리 준비한다. "어려우니까 정면으로

부딪치지 않겠다" 하고 도망가거나 "어려우니까 지금은 판단하지 않겠다" 하고 의사결정을 미룰 속셈으로 어렵다는 말을 쓰기도 한다. 속셈이 무엇이든 꼴사납기는 매한가지다.

"할 것이다", "했을 것이다", "~인 줄 알았다"라는 말도 표현을 바꾼 변명에 지나지 않는다.

"부하 직원에게는 설명해 뒀으니 이해할 겁니다."

"업자가 어제 납품했을 겁니다."

"이미 완성한 줄 알았습니다."

모두 "제가 확인하는 작업을 소홀히 했습니다"라는 소리다. 그러면서 에두른 변명으로 책임을 회피하려 드니 꼴사납기 그지없다.

대책

상사가 핑계만 대는 사람이라면 부하 직원이 해결책을 마련해야 한다. 마감일을 포함한 일정을 먼저 상사에게 제시하고 새로운 안건 이야기가 들려오면 자진해서 참여하도록 하자.

전술했듯이 "바쁘다" "어렵다" "할 것이다"는 상사로서 삼가야 할 말이다.

도망치는 상사를 따를 직원은 없다. 계속 회피만 하면 당신의 상사에게도 뺀질이라는 낙인이 찍히고 만다. 고 객과 여타 외부인도 똑같은 인상을 받는다.

자기 역할을 이해하지 못하는 상사

리더에게는 회사 방침에 따라 부서의 목표를 명확히 설 정하고, 부서 내에 전달하고, 목표를 달성하기 위해 행동 해야 할 책무가 있다. 또 기한을 고려하여 일의 우선순위 를 정해야 한다. 부서에서 무엇을 우선시하고, 무엇을 뒤 로 미룰지 판단해야 한다는 뜻이다.

그런데 정작 해야 할 일은 제쳐둔 채 사소한 일에 시간을 허비하거나 쓸데없이 부하 직원 일에 참견하는 상사가 있다. 상사의 본분이 무엇인지 모르는 미숙한 상사다. 이들은 회사가 자신에게 무얼 바라는지, 부하 직원이 상사에게 무얼 기대하는지 모른다.

대책

기회가 있을 때마다 상사와 함께 부서의 방침을 확인한다. 만약 확고한 방침이 없는 상태라면 회사 방침에 견주어 부서 방침을 작성하자고 요청해야 한다. "부서 방침이 필요합니다"라고 말로만 요청하지 말고, 초안을 준비해 상사와 의논한다. 이렇게 하지 않으면 부하 직원의 일을 쉽사리 이해해 주지 않는다.

다음은 부서 방침에 근거하여 '부하 직원이 상사에게 무엇을 기대하는지'를 상사가 머릿속으로 그릴 수 있도록 한다. 부서 내 업무분담에 대한 밑그림을 그린 뒤 상사가 맡아야 할 일을 명시해 보자. 말을 꺼내기가 어려울지도 모르겠지만 "저 손님은 지위가 높은 분이니 과장님께서 응대 부탁드립니다", "이 손님은 제가 응대하겠습니다" 라는 식으로 상사가 할 일과 자신(부하 직원)이 할 일 사이에 분명히 선을 긋는다.

해야 할 일과 안 해도 될 일을 구분하지 못하는 상사, 다시 말해 '자기 역할을 이해하지 못하는 상사'에게 너무 많은 업무를 부탁하면 부하 직원으로서 불안할 수도 있다. 그렇지만 잠자코 있으면 쓸데없이 계속 일에 참견하는 상사 때문에 앞길이 고생길로 변한다. 관건은 상사에게 '적정량의 일'을 부탁하는 것이니 힘을 내서 시도해 보기 바란다.

상사에게 보내는 조언

'지금 무엇을 해야 하는가'와 '일의 우선순위'는 회사 방침과 부서 방침에 부합해야 한다. 그 점을 항상 확인하라. 방침에서 벗어나지 않으면 방향을 잃은 부하 직원의 질문에도 정확히 대답할 수 있다.

판단 기준은 개인적으로 어떻게 생각하는가가 아니라, 지금 중요하다고 생각하는 일이 회사 방침과 부서 방침에 부합하는가이다. 다른 기준에 흔들리지 말자. 흔들

리는 상사는 '하느냐, 마느냐' 혹은 '급한가, 아닌가'를
부하 직원이 고민하게 만든다.

자기 경험에만 의존하는 상사

"내가 대리 때는 말이야"라든가 "전에는 이런 일이 있
었지" 하며 번번이 옛날이야기를 꺼내는 상사가 있다.
지금까지 다양한 경험을 쌓았고, 그것을 아직도 기억한
다는 점은 훌륭하다. 그런 경험 중에는 부하 직원이 참고
할 만한 것도 있다.

　그러나 모든 판단을 과거 경험에 의존하는 태도는 옳
지 않다. 과거는 경험할 수 있지만 미래는 경험할 수 없
기 때문이다. 완고한 경험주의자는 경험한 적 없는 미래
과제에 대해 올바른 판단을 내리기 어렵다. 과거에 아주
유사한 일을 겪어 봤다면 어느 정도 올바른 판단이 가능
할지도 모르겠지만……

경험주의자는 한 직종에 오래 종사하며 나름대로 실적을 올린 나르시시스트이기도 한데, 자기가 맡은 일 외에는 공부를 하지 않아 잘 모르는 때가 많다. 이를테면 다른 상품의 시장 흐름이나 다른 회사의 동향을 분석하는 일에는 무관심하다.

대책

여러 경우의 수를 상정하여 미래의 상황을 예측하고 설명한다. 그냥 설명하면 과거 경험에 근거해 퇴짜를 놓을 수 있으니 공신력 있는 통계, 업계 상황, 신문기사 등의 근거자료를 동원하자. 설득력이 한층 높아진다. 자기 경험만 믿는 상사는 객관성, 신뢰성이 높고 권위를 인정받는 근거를 많이 찾아 설득하는 수밖에 없다.

상사에게 보내는 조언

철혈 재상 비스마르크가 남긴 유명한 말이 있다.

"어리석은 자는 경험에서 배우고, 지혜로운 자는 역사에서 배운다"

지나간 역사는 자신이 관여하지 않은 일이기에 냉정하게 참고할 수 있지만 제 몸으로 겪은 경험에는 쉽게 냉정해지기 어렵다. 자기가 한 일은 잘잘못을 따지기 힘들고, 때로는 자기를 부정하는 데까지 나아가야 하기 때문이다.

비스마르크 재상의 명언은 자기 경험을 너무 미화하는 경험주의자에게 울리는 경종이다. 가슴에 새겨 두기 바란다.

줏대가 없는 상사

줏대가 없는 상사는 부하 직원에게 골칫거리다. 방침이 이리저리 바뀌고, 며칠 전 회의에서 확인한 사안이 별안간 엎어진다. 원래 기분파라 그날그날 생각이 바뀌는지, 지난번 회의 내용을 잊어버렸는지는 잘 모르겠지만 말이다.

판단에 자신이 없어서 부화뇌동하는 유형도 있다. 이

미 결정한 일도 윗사람이 다른 의견을 들고나오면 줏대 없이 흔들린다.

일이 꽤 진행되고 나서 흔들리는 상사는 더욱 위험하다. 부하 직원만 '2층에 올려놓고 사다리를 치우는' 경우도 있다. "이 안건은 이런 방침으로 가자"라고 합의했으면서 결과를 보고는 "왜 일을 그렇게 했어?"라며 발을 빼는 식이다. 부하 직원은 견딜 재간이 없다.

대책

결정된 사항을 메모하고, 중요한 사항은 상사에게 메일로 한 번 더 보내 놓는다. 굳이 길게 설명할 필요는 없다. "○○에 대한 안건은 ~와 같이 진행하겠습니다" 정도면 충분하다.

상사가 마음을 바꾸기 전에 재빨리 행동으로 옮기는 것도 한 방법이다. 벌써 마음이 바뀐 뒤라면 상사와 논의하는 수밖에 없다. 지난번 회의에서 왜 그런 결론에 도달했는지 그 이유와 목적을 일목요연하게 정리해 설명하자. 회의 때 메모한 내용을 보면서 혹은 보여주면서 설명하면 효과는 더 커진다. 방침을 바꿀 때는 부서 전체의 합의가 필요하다는 점도 전달한다.

상사가 줏대 없이 흔들린다면 신뢰에 치명적이다. 심하면 직원들이 더 이상 당신을 따르지 않게 된다.

'유연한 대응'과 '결정 번복'은 전혀 다르므로 착각해서는 안 된다. 예기치 못한 결과가 나오거나 안 좋은 변화가 예상되면 당연히 궤도를 수정해야겠지만 그럴 때는 꼭 이유를 확실하게 밝히고, 충분한 합의를 거쳐 바꾸어야 한다.

스스로 일을 못한다고 공언하는 상사

자신감 과잉인 상사도 난감하지만 "나는 무능하다"라고 시인하는 상사도 난감하다.

"뭐, 괜찮아. 그렇게까지 하지 않아도."

"늦으면 어쩔 수 없지."

"위에서는 화를 내겠지만 별수 없잖아?"

"완벽한 인간은 없어. 나도 못하는 일이 있다고."

이런 식으로 거리낌 없이 상사의 본분을 벗어 던진다.

"알잖아. 나도 일개 월급쟁이야(＝너도 그렇잖아? 내가 상사한테 말 못해도 이해해줘)"라는 말로 타협을 요구하기도 한다.

사실 상사도 사람이기에 자기 상사와 부하 직원에게 사랑받고 신뢰받기를 원한다. 주어진 일을 완수하고 '일 잘하는 사람'으로 인정받고 싶어 한다. 일을 못하겠다고 공언하는 상사 역시 과거에는 분명 그랬을 것이다. 지금은 타협하고 있을지라도 말이다.

이런 상사는 한심하긴 해도 자신의 부족함을 자각하고 있다는 점에서 그나마 낫다. 정말 골치 아픈 상사는 유능하지도 않은데 '나는 유능한 상사'라고 믿는 유형이다. 회사와 부하 직원은 그가 하루빨리 부족함을 깨닫길 바랄 것이다.

자기 실력을 깨닫고 부하 직원에게 일을 맡기거나 자

기가 진짜 잘하는 일로 부서에 공헌하는 상사는 얼추 합격이라고 할 만하지만 현실은 그렇게 흘러가지 않는다. 이런 유형은 자기가 잘났다고 믿는 만큼 부하 직원의 업무에 시시콜콜 간섭하거나 자기 방식을 강요하다가 모두의 미움을 사기 때문이다.

대책

자신을 무능하게 여기는 상사는 "지금은 의사결정이 가능하지 않다"거나 "우선순위를 모른다"는 핑계도 곧잘 내세운다. 환장할 노릇이다. 부하 직원의 입장에서는 '상사가 조금 더 유능했더라면 이렇게 고생하지는 않을 텐데'라고 느낄 만하다.

그래도 지금이 기회라고 생각했으면 좋겠다. 여러 가지 제안을 하고, 그 이유를 다부지게 설명하고, "반드시 잘될 겁니다"라고 이야기해 보자.

어떻게 해도 상사가 결단을 회피한다면 "이 건을 제 책임으로 진행하게 해 주세요"라고 말한다. 상사에게 책임이 돌아가지 않도록 빠져나갈 구멍을 만들어 주면 상사도 계속 회피할 수는 없다.

상사에게 보내는 조언

"나는 유능한 상사가 아니다"라고 부하 직원에게 자기 노출이 가능하다는 점은 좋다. 무능하면서도 유능하다고 착각하는 상사보다야 훨씬 낫다. 다만 상사가 그러면 안 된다는 사실에는 변함이 없다.

자기 나름대로 의견을 갖고, 부하 직원의 제안과 그 이유에 귀를 기울이고, 의견을 받아들일 줄 알아야 한다. 주어진 소임을 다하겠다는 생각으로 실패를 두려워하지 말자.

아첨하는 상사

아첨하는 사람은 부하 직원의 입장에는 별 관심이 없다. 늘 자기 상사 눈치만 본다. 잘 보이고 싶어 어떻게든 상사의 기대에 부응하려 한다. 요컨대 자기밖에 모른다.

이들은 상사의 눈에 들기 위하여 '상사가 무슨 생각을 하는지', '다음에 무엇을 할지', '어떤 질문을 던질지' 생각하고 대비한다. 동기를 차치한다면 이렇게 상대방의 다음 행동을 예측하는 것은 대단히 좋은 습관이므로 다른 직원들도 본받을 필요가 있다.

단, 윗사람이 하는 말이나 일에 맹목적으로 동조하는 태도는 바람직하지 않다. 이를테면 상사에게 들은 안건을 덮어놓고 맡거나, 하지도 못할 일을 "알겠습니다!" 하고 수락하는 행동이다. 경솔하게 떠맡은 일을 부하 직원에게 떠넘기는 무책임한 행동은 더 말할 것도 없다.

아첨하는 사람은 고객이나 회사 외부인이 제안하는 일을 무작정 떠안는 경우도 많다. 무턱대고 맡은 일을 부하 직원에게 미룰 바에야 "그건 무리입니다. 직접 처리하시기 바랍니다"라고 딱 잘라 거절하여 차후에 똑같은 일이 발생하지 않도록 해야 한다.

대책

지금 무엇을 해야 하는지, 어느 정도 인력이 어떤 일을 처리하고 있는지 해당 상사에게 알린다.

두 상사가 긴밀한 의사소통을 하는 것은 좋으나 부하 직원에게 심한 부담을 주는 일을 맹목적으로 약속해 버리면 곤란하다. 그 점도 상사에게 알리도록 한다.

원래는 상사가 해야 할 일이지만 부서에 주어진 목표를 다시 한번 명확히 정리해서 이야기한다면 보다 효과적인 대화를 나눌 수 있다.

상사에게 보내는 조언

"구름 낀 산꼭대기에서는 산 밑이 보이지 않지만 산 밑에서는 산세도 구름도 다 보인다."

부하 직원은 상사를 똑똑히 지켜보고 있다. 상사와의 원활한 의사소통도 중요하지만 볼썽사나운 아첨을 하면 사람이 우스워 보인다.

자기 부서에서 담당하는 일의 목적을 또렷이 인식하고, 선택한 후에, 집중하라. 현재 보유한 인력으로 얼마만큼 실적을 낼 수 있는지를 항시 유념해야 한다.

부하 직원이 하려는 일을 허락하지 않는 상사

부하 직원이 진행하고 싶은 일을 설명해도 허락하지 않거나 가로막아 버리는 상사가 있다. 그렇게 해서 당신이 하고 싶은 일을 추진하지 못하게 된다.

대책

회사에는 기업 이념과 가치관, 사원의 행동 규범이 존재한다. 그리고 부서별로 설정된 목표와 사업 계획도 있다. 다소 어렵더라도 이미 설정된 목표를 최대한 활용하는 방법밖에 없다.

추진하고 싶은 일이 회사 및 부서의 목표와 합치하며, 완수 시 목표에 도움이 된다는 점을 상사에게 설명하자. 이런 부류의 상사는 "하고 싶습니다!"라고 아무리 말해도 들을 이유가 없다면서 일축해 버리기 때문이다. 상사가 빠져나가지 못할 이유를 만드는 것이 중요하다.

평상시에도 회사와 부서의 목표를 정확하게 인식하고 있는 사원은 그렇게 많지 않다. 어쩌면 상사도 정확히는 모를 수 있다. 설령 그렇더라도 당신이 하려는 일이 회사 및 부서의 목표와 합치한다는 점을 근거로 무례하지 않게 차분히 설명한다.

부서 목표에 회사의 목표가 반영되지 않은 상황이라면 수고가 더 든다. 이런 경우에는 회의 자리에서 목표 설정 필요성부터 제기해야 한다. 단순히 "목표를 설정해야 합니다" 수준이 아니라 직접 시안을 만들어서 "이러이러한 목표가 필요합니다"라고 제안해야 한다.

시기적으로는 사업 계획을 작성할 때 제안하면 가장 효과적인데, 정량적 목표(양적 목표)뿐만 아니라 정성적 목표(질적 목표)에 대해서도 의논해야 한다. 그래야 본인이 하고 싶은 일이 확실하게 자리를 잡는다.

하려는 일이 회사 및 부서의 목표와 같은 방향을 바라보고 있으며, 일정한 성과가 기대된다고 설명하면 "NO"라고 말할 상사는 점점 줄어들 것이다.

상사에게 보내는 조언

상사는 부하 직원의 의견에 귀를 기울이는 사람이다. 혹시 직원들이 제 할 일을 하지 않고, 우선순위가 낮거나 회사의 이익과 상관없는 일만 한다면 회사와 부서의 목표를 확실히 지도하여 이탈하지 않도록 한다.

제3장

도망과 방어만으로는 발전할 수 없다

어디를 가나 기죽지 않는 실력을 기르자

상사가 아니라 일에 집중한다

의학에는 서양의학과 동양의학이 있다. 교통사고나 급성질환 같은 응급상황에는 수술과 같은 서양의학이 꼭 필요하다. 한편 병에 걸리지 않으려면 평소 음식을 골고루 섭취하고 면역력을 높여야 하는데, 여기에는 동양의학이 큰 역할을 한다.

나쁜 상사에 대처하는 법도 마찬가지다. 제2장까지 소개한 방법은 말하자면 '긴급대책용'이고, 중장기적으로 나쁜 상사의 타깃이 되지 않으려면 나만의 실력을 길러

야 한다. 그래야 나쁜 상사가 있어도 이러쿵저러쿵 간섭
을 받지 않는다.

　실력을 기르는 데는 중장기적인 대책이 필수다. 역경
에 굴하지 않고 업무 능력을 갈고닦아 발전하겠다는 다
짐도 필요하다. 제3장부터는 이 내용을 소개하고자 하니
잘 새겨두기 바란다.

　상사가 죽을 만큼 싫어도 회사에서 월급을 받는 이상
사원은 회사에 공헌해야 한다.

　유감스럽지만 상사의 성격과 업무 방식이 당장 바뀌
는 것은 현실적으로 불가능하다. 상사에게 직접 불만을
피력하더라도 빠른 해결은 쉽지 않으므로 슬기롭게 대
처할 필요가 있다. 상사를 위해서가 아니라 어디까지나
회사에 공헌하기 위해서 말이다.

　나쁜 상사 자체는 크게 신경 쓰지 말자. 이렇게까지 말
했는데 못 알아듣는다고 열을 내 봤자 상대방은 달라지
지 않는다. 침착하고 냉정하게 자기 일을 수행해야 한다.
화가 나서 흥분하면 잘하던 일까지 손에 잡히지 않는다.

단, 신경 쓰지 않더라도 무시해서는 안 된다. 거듭 말하지만 보고를 비롯하여 앞에서 쭉 설명한 의무 사항은 착실히 이행해야 한다. 상사에게는 신경을 쓰지 않아도 일에는 신경을 써야 하지 않겠는가.

나쁜 상사와 좋은 상사 중 누가 이로울까?

나쁜 상사와 일을 하게 되면 부하 직원은 스스로 머리를 쓰며 행동해야 한다. 악조건 속에서 자기가 하고 싶은 일을 진행할 방법을 찾게 되고, 인내력이 길러지는 등 자신에게 득이 되는 부분도 적지 않다.

나쁜 상사 밑에서 일하는 처지가 괴롭겠지만 이것이 피가 되고 살이 된다고 생각하면 그렇게까지 나쁜 일은 아닐지도 모른다. 너무 나쁘게만 보지 않았으면 좋겠다.

긴 직장 생활에서 좋은 상사만 만날 수 있을까? 수많은 사람을 만나 물어봤지만 그랬다는 사람은 한 명도 없었다.

젊은 시절에 실력과 인성을 겸비한 좋은 상사하고만 일하면 그것이 당연하게 느껴진다. 역풍이 불지 않는 안락한 환경이 당연해져 스스로 노력하지 않고, 상사에게 의지하는 버릇이 굳어진다. 상사가 뛰어난 만큼 다른 협조자(상사의 상사, 옆 부서 상사, 회사 외부인 등)와의 인맥 구축에 소홀해질 우려도 있다.

만약 좋은 상사가 타 부서로 이동하면 어떻게 될까? 엎친 데 덮친 격으로 나쁜 상사가 후임으로 들어오면 헤쳐 나갈 수 있을까? 나쁜 상사는 어디에나 있고, 언제 윗사람으로 들어올지 알 수 없다. 그때 가서 허둥지둥 대응책을 생각하면 늦다.

별난 상사에게 당첨되는
경험은 평생 자산이 된다

나는 20대 후반에 정말 별난 상사의 직속 부하로 일하게 되었다. 그는 목소리가 크고, 자기 할 말만 계속하는 사람으로 이미 악명이 자자해 주위에서 "많이 힘들지?" 하고 말을 걸어오기도 했다.

여기에 적기 어려운 온갖 일들을 겪던 어느 날, 계열사를 통해 알게 된 회사 사장님을 상담차 찾아갔다. 안내받은 응접실에는 "지혜를 발휘하라. 그렇게 하지 못한다면 땀을 쏟아라. 땀조차 쏟지 않는 자는 조용히 떠나라"라고 적힌 색지가 붙어 있었다.

50대 중반의 인간미 넘치는 사장님은 차분히 내 이야기를 들으며 중간중간 고개를 끄덕였다. 높은 사람이 내 말을 경청해 주니 감사했다. '이런 사람이 내 상사라면 좋을 텐데' 하고 내심 비교도 했다.

내가 이야기를 마치자 그는 "잘 알겠네. 그간 고생이 많았겠어"라고 공감을 표했다. 나의 질문에도 친절하게 하나하나 대답해 주어 조언을 들으러 오길 잘했다고 생각했다.

상담 막바지에 그는 조용한 목소리로 "자네는 별난 상사에게 당첨된 거야. 그리 생각하게나"라고 말했다.

"자네는 앞으로도 많은 사람을 만나고, 많은 상사를 모시겠지. 그중에는 유별난 사람이 있겠지만 그건 어쩔 수 없는 일이라네. 자네만 그런 게 아니야. '내가 별종에게 당첨되었구나' 생각하고 자신을 단련하는 편이 더 나을걸세."

그의 조언에는 상대를 너그럽게 감싸는 온기가 느껴졌다. "저렇게는 되지 말아야지 싶은 점들을 자네가 상사가 되었을 때 활용하게. 자네에겐 반면교사가 있으니 무엇이 이상하고 무엇이 틀렸는지 잘 관찰해서 노트에 적어 놓게나."

위의 일화는 내가 그로부터 15년 뒤에 만난 멘토에게 들은 이야기와도 이어진다.

"나도 그랬어. 기가 막혀서 화가 치밀고, 같이 일하기조차 싫더라. 회사에 출근하기도 싫어지고. 하지만 그런다고 문제가 해결되지는 않으니까 일단 상사의 잘못된 행동을 수첩에 기록하기 시작했지. 기록하다 보니 무엇이 올바른 행동인지 냉정하게 돌아보게 됐고, 적을수록 화가 잦아들어 마음이 편해졌어.”

이런 방법으로 ‘별난 상사에게 당첨됐다면 반면교사로 삼는다’라는 사고방식으로 ‘마음을 단련’하는 일이 가능하지 않을까 싶다.

‘헛똑똑이’만은 되지 마라

한큐 전철, 다카라즈카 가극단, 도호 주식회사의 창립자인 고바야시 이치조는 아이디어가 풍부하고 일을 잘하기로 유명했다.

“고바야시 씨가 실천했고, 다른 사람에게도 추천하고 싶은 선인의 가르침은 무엇입니까?”

질문을 받은 말년의 고바야시는 “이건 선인의 가르침을 인용한 얘기입니다”라고 운을 떼고는 A와 B라는 두 사람을 비교하며 ‘헛똑똑이’에 대해 논했다.

풍채가 좋은 A는 어디에 내놓아도 손색이 없는 신사로 품행이 방정하고, 머리가 좋은 데다 말도 일도 잘하는 걸출한 인물이다. 누가 봐도 출세할 자격이 충분해 보이지만 의외로 A 같은 유형이 출세하지 못하는 경우가 비일비재하다. 어째서일까?

'자기 의견'을 지나치게 내세워서 '숨은 공로자'로 남으려 하지 않기 때문이다.

고바야시 이치조는 이렇게 설명했다.

"애당초 명론名論이 명론이라 여겨지는 까닭은 그 실효성에서 실제로 도움이 되기 때문이다. 실효성이 없는 의견은 아무리 듣기 좋아도 그림의 떡이나 다름없고, 아무리 내용이 흥미로워도 실질적인 가치가 없다. 실행에 옮겼을 때 성과와 실리를 거두게 하는 의견만이 참된 명론이다"

무엇 하나 부족함이 없는 A가 불우하게도 중용되지 않자 친구들은 A를 걱정했다. A는 이렇게 불평했다.

"우리 회사 중역은 그릇이 작아. B처럼 모든 일에 '네, 네' 하고 복종하는 사람만 애지중지하거든. 나처럼 회사를 위해 당당하게 의견을 제시하는 부하 직원은 꺼리고 멀리하지. 어이가 없어서 일할 마음도 안 들어."

맞는 말이다. 그러나 고바야시가 지적한 바에 따르면 A의 논리에는 한 가지 문제가 있다. 중역이라고 꼭 그릇이 크지는 않다. 어질고 똑똑한 사람만이 중역 자리에 오르지도 않는다. 운이 따라서 중역이 된 사람도 있으니 평소에 그 중역의 능력과 심리상태를 유심히 관찰하여 알아 둘 필요가 있다.

B는 이것을 잘 안다. 그저 아부하기 위해 "지당하신 말씀입니다!"라고 비굴하게 대답하는 것이 아니다. 오히려 어떤 의견을 어떻게 실행시킬지 생각하며 전략적으로 일하고 있다.

그래서 때에 따라서는 자기 의견이 있어도 내세우지 않는다. "이런 의견을 낸 사람이 있습니다. 이러저러한 설이 도는 모양인데 본부장님 의견은 어떠십니까?"라고 간접적으로 소개한다.

여기에 상사가 동조하면 "역시 그러시군요. 지당하신 말씀입니다. 저도 그 의견이 좋다고 생각합니다" 하고 맞장구쳐서 자기 생각을 상사의 의견인 양 실행시킨다. 이리하여 차곡차곡 실적을 쌓고, 실적이 쌓여 중용되고, 출셋길에 오른다. 일견 자기 의견이 없어 보이던 사람이 이례적으로 발탁되어 뭇사람을 깜짝 놀라게 한다.

B 같은 사람은 옆에서 보기에는 중역에게 알랑거리는 듯해도 사실 합리적인 의견으로 중역을 움직여 공을 세운다. 중역을 적절히 활용한다고도 볼 수 있다.

A는 자기 의견으로 '논쟁에서 이기려고' 하지만 B는 '논쟁은 아무래도 상관없다. 논쟁은 수단이지 목적이 아니다'라고 여긴다. 자기가 생각한 일을 실행하는 것이 핵심이니 구태여 자기 의견을 치켜세울 필요가 없다.

A는 다른 사람에게 재능을 인정받지만 회사에서 오래 버티지 못하고, 버텨도 끝내 쓰라림을 맛보게 된다. 결과적으로 자기 의견을 가진 잘나 보이는 사람인데도 낙오한다.

세상에는 이런 사례가 꽤 많다. 늘 논의의 중심이 되어 활발하게 논리를 펴는 사람이 그토록 좋은 의견을 갖고도 의외로 조직에서 큰일을 맡지 못한다. 자기가 잘났다는 점을 과시하기 때문이다. 이처럼 '자기 의견'을 내세우느라 멀리 내다보지 못하고 큰일을 그르치는 사람을 고바야시 이치조는 '헛똑똑이'라고 불렀다.

헛똑똑이는 상대와 주변 일에 무관심하다. 다른 사람의 장점을 살펴보려 하지 않고, 자기 의견만 옳다고 생각한다. 이것이 지나치면 주위에서도 아니꼽게 보기 시작한다. 자기 논리가 분명한 사람도 때로는 실패하게 마련인데, 그때 주위 사람들은 기다렸다는 듯이 '헛똑똑이'의 발목을 잡아 넘어뜨린다.

고바야시 이치조는 말했다.

"이것은 '자기 식견을 과시하고 싶어 하는 소인'과 '실적을 중시하여 자기 공로는 둘째로 치는 대인'의 차이이다."

상사의 결점에는 눈을 감고,
좋은 부분을 찾아낸다

상사는 '부하 직원의 좋은 부분을 찾아 활용'할 줄 알아야 한다. 누구에게나 잘하고 못하는 분야가 있다. 못하는 부분에만 집중하면 쓸 만한 인재는 한 사람도 없다.

어느 날, 어떤 사람이 자기 곁에는 무능한 부하 직원뿐이라고 하소연했다. 부하 직원이 다섯인데 하나같이 결점이 있다는 것이다.

"A는 ~밖에 못해. 쓸 만한 녀석이 아니야."

"B는 ~를 통 몰라. 도움이 되질 않아."

"C는 ~하는 잘못을 밥 먹듯이 해. 아무짝에도 쓸모가 없어."

모든 부하 직원이 쓸모없다니 나는 말이 안 된다고 생각했다. 무능한 사람은 부하 직원들이 아니라 바로 그 상사임을 직감했다.

사람의 어떤 결점을 문제 삼아 "하나를 보면 열을 안

다"라고 평가해서는 안 된다. 그런 일방적인 단정은 상사이기 이전에 인간으로서 해선 안 될 짓이다. 상대에게 결점이 좀 있다고 해서 그의 존재 전체를 부정하는 태도는 전혀 합리적이지 않다. 사람의 결점을 크게 볼 게 아니라 장점을 찾아내 키우고 활용해야 한다.

부하 직원에게도 같은 논리가 적용된다. '부하 직원도 상사의 좋은 부분을 찾아서 활용'해야 한다. 상사는 다른 사람을 이끌어야 하므로 그만한 자질이 요구되기는 하지만 그 역시 사람이기에 부족한 분야가 있다. 부하 직원으로서 상사의 결점에는 눈을 감고, 좋은 부분을 긍정적으로 평가하는 자세가 필요하다.

상사가 나쁜 상사라 해도 '어디가 나쁜지'를 판별해야 한다. 부분적으로 나쁜 상사는 많지만 모든 면에서 나쁜 상사는 드물다. 안 좋은 부분이 있다고 그를 완전히 부정해서야 되겠는가. 완벽한 인간이란 이 세상에서 찾을 수 없다.

역사적인 무장武將이나 이름난 경영자의 이야기를 들춰 보면 부하를 부릴 때 개개인의 장점을 잘 살렸다. 당신에게도 머지않아 부하 직원이 생긴다. 그때 당신이 흠잡을 데 없는 상사라고 단언할 수 있을까? 아마 쉽지는 않을 것이다.

상사를 포함한 다른 사람의 장점은 순순히 인정해야 한다. 동료들과 한잔하는 자리에서까지 상사를 완전히 부정하다가는 도리어 자신이 더 신뢰를 잃는다. 모쪼록 사람의 좋은 부분을 보도록 하자.

나쁜 상사도 춤추게 하는 칭찬의 힘

슬기로운 상사는 부하 직원이 잘했을 때 "잘했어, 고마워!" 하고 칭찬하며 의욕을 북돋운다.

그럼 부하 직원은 어떻게 해야 할까? 상사를 칭찬해야 할까, 그럴 필요는 없을까?

"상사도 칭찬하자"는 것이 나의 조언이다.

'내 앞가림도 벅찬데 상사한테까지 마음을 쓰라니!'
라는 생각이 들 수도 있겠지만 막상 해보면 별로 어렵지
않다. 좋은 결과가 나왔을 때 솔직하게 인사를 건네는 정
도면 충분하다.

"역시 대단하십니다."

"진짜 잘됐어요!"

"저도 본받겠습니다."

인사를 하면서 상사의 성공과 성과를 함께 기뻐하자.

가능하면 "그 시점에서 ○○씨와 교섭하신 일은 정말
최고였어요"와 같이 구체적으로 어떤 부분이 좋았는지
언급하는 칭찬을 추천한다. 부하 직원이 상사의 성공을
기뻐하는 것은 같은 부서의 일원으로서 무척 바람직하
다. 이것은 아첨이 아니라 팀 전체의 사기를 북돋우는 행
동이다.

상사에게 상담을 받거나 업무 진행 방식에 대한 조언
을 들었을 때도 "좋은 아이디어 감사합니다. 지금까지의
방법보다는 ○○가 더 좋아 보여요. ××까지는 꼭 하겠
습니다" 하고 감사의 뜻을 표하도록 한다.

나의 옛 동료 중에는 현재 외국계 기업의 일본 및 아시아 책임자가 있다.

요즘은 회사가 다른 회사를 매수하는 M&A가 활발하게 이루어진다. 내 친구가 속한 회사도 M&A를 수차례 겪었다. 친구네 회사가 다른 회사를 매수한 적도 있지만 다른 회사에 여러 번 팔리기도 했다. M&A가 이루어지면 두 회사가 하나로 합쳐진다. 전에는 따로따로 운영되던 지사가 통합되고, 지사 책임자 자리도 하나로 줄어든다. 이 경우 보통은 매수한 회사의 책임자가 남고, 매수된 회사의 매니저는 옷을 벗어야 한다.

그런데 이 친구는 회사가 매수된 이후에도 쭉 자리를 지켰다. 그가 자리를 지킬 수 있었던 이유는 물론 1차적으로는 능력이 뛰어났기 때문이다. 그는 회사 운영, 영업, 마케팅 등 다방면에 정통했고 인맥이 넓고, 같이 있으면 유쾌했다. 뿐만 아니라 회사 안팎에서 평판도 더없이 좋았다.

이토록 잘난 친구가 이렇게 말했다.

"회사 사람도 고객처럼 대해야 해."

부하 직원이든 상사든 상대방을 고객으로 생각하며 대하라는 뜻이다.

상사도 사람이다. 부하 직원에게라도 칭찬을 들으면 뿌듯하다. 방금 소개한 조언도 같은 맥락이다. 상사를 고객처럼 대하며 칭찬하는 것은 상사에게나 부하 직원에게나 이로운 일이다.

'어떻게 해도 상관없는 일'과 '양보할 수 없는 일'을 구별한다

'어떻게 해도 상관없는 일'과 '양보할 수 없는 일'은 분명하게 나눌 필요가 있다.

항상 자기 의견이 분명한 상태로 일처리를 해야 한다. 물론, 사사건건 자기 의견만 주장하는 것은 현명하지 않다. 상사에게 양보해도 괜찮은 일과 그렇지 않은 일을 구별하자.

방법이 여럿이라 무엇을 선택하든 같은 결과가 기대

된다면 상사의 지시를 따라도 된다. 일의 목적은 성과를 내는 데 있으니 사소한 부분에 연연하지 말자. 괜한 고집을 부릴 시간이나 에너지가 있다면 다른 일에 활용하자.

그렇지만 자신과 상사의 의견이 '극명하게' 갈릴 때는 "네, 알겠습니다!" 하고 그대로 받아들이면 안 된다. 중요한 부분에서 서로 의견이 다르다면 우선 그것부터 해결해야 한다. 이해되지 않거나 수긍할 수 없는 의견을 '꿀떡 삼키면' 소화불량에 걸린다.

핵심적인 국면에서 의견이 다르다면 즉각 자신의 근거를 명확하게 설명하고, 충분히 의논하여 합의점을 찾은 다음 행동으로 옮겨야 한다. 의논이 원만하게 진행된다면 대개 세 가지 중 하나로 결론이 난다.

- 상사가 당신의 의견을 채택한다.
- 당신이 상사의 의견을 수용한다.
- 상의한 끝에 더 나은 새로운 방법이 도출된다.

어느 쪽으로 결론이 나든 의논 단계에서 얼마나 충돌

했든 최종적으로는 같은 방향을 바라보는 것이 중요하다. 중요한 일에는 자기 의견을 주장하되 혹 주장이 받아들여지지 않더라도 마지막까지 상사와 의견을 조정하고, 실행에 들어간 후에는 합의한 대로 일치단결하여 행동하기 바란다.

한 가지 보태자면 "저 사람이 말하니까 찬성, 이 사람이 말하면 반대"와 같이 누가 말했나를 기준으로 판단하는 사람이 있다.

상대가 나쁜 상사라면 그가 뭐라고 하든 인정하기 싫을 만하다. 어떤 심정으로 반대하는지는 이해하지만 그래도 '누가 말했나'가 아니라 '무엇을 말했나'로 판단해야 한다. 좋은 상사도 틀릴 수 있고, 나쁜 상사도 맞을 때가 있기 때문이다.

상사가 어떤 사람이든 보고는 의무다

"보고를 너무 자주 하는군!"이라고 불평하는 상사는 드물다. '유능하지만 보고가 뜸한 부하 직원'과 '부족해도 보고를 잘하는 부하 직원' 중 상사는 어떤 부하 직원을 선호할까?

답은 후자다. 상사가 부하 직원에게 일을 맡기려면 일의 진행 상황을 파악할 수 있어야 하기 때문이다. 부하 직원이 아무리 유능해도 맡긴 일의 진행 상황을 모른다면 상사는 불안해진다. 게다가 보고를 받지 못하면 상사도 자신의 직속상사에게 상황보고를 할 수 없다.

유능한 부하 직원일수록 무능한 상사에게 시간을 들여 일일이 설명하는 일은 귀찮아하는 경향이 있는데, 잘못된 생각이다.

부하 직원에게는 '상사에게 보고할 의무'가 있다. 상사가 제대로 이해하든 못하든 보고를 이행하지 않는 것은 직무 유기다. 이해해 주지 않는 상사에게도 당신이 '보고할 의무'를 다하고 있다는 점만큼은 명확히 해두어야 한다.

일의 진행 상황을 당신과 사장만 알고 상사는 모르는

'중간이 생략된' 상황도 만들어서는 안 된다. "말해 봐야 헛수고니까 보고하지 않는다" 같은 논리가 버젓이 통용된다면 회사 조직이 제대로 돌아가지 않는다. 회사는 꼭대기부터 말단까지 쭉 연결되어 있어야 하고, 중요한 정보는 모든 구성원이 공유해야 한다.

상대가 나쁜 상사여도 부하 직원에게는 설명할 책임이 있다. 중대한 안건은 메일로만 보고하지 말고, 반드시 구두로도 전달해야 한다. "상사가 바빠 보여 보고하지 않았다"라는 말은 변명과 책임회피에 불과하다.

다소 엄격하게 말한 듯 싶지만 나쁜 상사에게 보고를 생략했다가는 추후 어떤 질책을 들어도 반론의 여지가 없다. 나중에 고생하지 않기 위해서라도 보고는 게을리하지 말자.

이는 뒤에서 설명할 상사와 싸울 수밖에 없는 상황에서도 자신을 보호할 수 있는 자산이 된다. 평소 보고를 했음에도 상사가 나중에 딴소리를 하거나 모른 체 한다면 부하 직원에게도 싸움의 명분이 생긴다.

항상 예의 바르게 행동한다

세상은 끊임없이 변화하고 있지만 아직도 우리 사회에
는 선배를 공경하라는 유교 사상이 힘을 발휘하고 있다.
연장자에게 존댓말을 사용하는 관습도 여전하다. 그렇
다 보니 직장에서도 후배는 선배에게 예의 바르게 행동
해야 호감을 얻을 수 있다.

실제로 부하 직원에게 빈정거리거나 제안을 귀담아듣
지 않는 상사들은 대부분 상대방의 태도와 말투에 집착
한다. 처음부터 부하 직원의 인격을 모독하며 고소해한
다거나 기막히게 좋은 제안을 해도 일부러 귀를 닫아 버
리는 사람은 지극히 적다. 부하 직원에 대한 미묘한 감정
의 소용돌이가 상사의 언행에 영향을 미칠 때가 훨씬 더
많다.

예를 들면 이런 식이다.

'왜 이런 어린놈한테 건방진 소리를 들어야 하지?'

'햇병아리 주제에 내게 묻지도 않고 판단하다니.'

'그런 건 새삼스럽게 말하지 않아도 다 알고 있다고.'

이런 감정은 '상사와 부하 직원'이라기보다 '선배와 후배'라는 관계성에서 기인한다. 이 문제를 피하려면 말투에 주의해야 한다. 나도 썩 잘하지는 못했지만 "제가 말씀드리기는 좀 뭐하지만"이라든가 "주제넘은 말이지만" 같은 겸양의 표현을 붙여 싹싹하게 말해 보자.

똑같은 제안도 아무개가 설명하면 퇴짜를 맞는데, 다른 사람이 설득하면 통과되는 때가 종종 있다. 성미가 까다롭기로 소문난 상사까지 설득해서 합의를 이끌어 내기도 한다.

이 '설득의 달인'들은 핵심을 간파하여 상대의 마음을 두드리듯 설명하는 능력이 뛰어나다. 그리고 자연스럽게 예의를 갖춘다.

자신의 아이디어와 행동에 자부심을 느끼는 것 자체에는 아무 문제가 없다. 다만 본인의 의도와 상관없이, 상대에게는 예의 없는 태도로 비칠 수 있다.

일이 성공했을 때는 누구나 기쁘다. '다들 기뻐해 주겠지'라고 생각하는 거야 괜찮지만 자기도 모르게 거만한 표정을 짓는다거나 우쭐해져서 자기 자랑을 늘어놓는다면 곤란하다. 그 모습을 본 상사는 건방지다고 혀를 찰 가능성이 크다.

직장인은 자기만 잘한다고 좋은 결과를 얻지는 못한다. 개인의 노력 외에도 회사 브랜드, 과거부터 축적된 경험, 업무를 승인하고 협력해 준 상사의 도움 등이 있었기에 성공할 수 있었다.

그러니 '거만한 표정'이나 '건방진 태도'로 보일 법한 감정은 드러내지 않도록 조심하자. "고양이는 발톱을 감춘다"라는 속담도 있지 않은가.

나이가 많은 부하 직원과 잘 지내는 법

연공서열 중심에서 능력 중심으로 사회가 변하면서 연장자를 부하 직원으로 두는 상사도 차차 늘고 있다.

자기보다 나이가 많은 부하 직원을 노련하게 다루려면 말 한마디에도 신경을 써야 한다. 섣불리 나섰다가는 상사로서 내려야 할 지시와 명령을 내리지 못하게 된다.

업무의 주도권을 잡기도 어려워진다.

균형 잡기가 쉽지 않겠지만 연륜을 지닌 부하 직원의 좋은 점을 부각하면서도 당신이 상사라는 점을 드러내야 한다. 예를 들어 보겠다.

"○○씨와 거래처의 오랜 인연 덕분에 계약이 성사됐네요. 수고하셨어요."

인생 선배의 경험에 경의를 표하면서 상사가 부하 직원에게 쓰는 말인 "수고하셨어요"로 끝을 맺었다.

"~에 대한 건은 감사했습니다. 관련해서 무슨 일이 생기면 보고해 주세요."

감사의 뜻을 표하면서도 '보고'라는 부하 직원의 의무를 요구했다.

오후 6시까지는 '상사와 부하 직원 관계'로 지내다가 6시 이후에는 '선후배 사이'로 지내는 방법도 있다. 근무 시간에는 일의 주도권을 쥐어도 퇴근하고 한잔하러 갈 때는 깍듯한 후배가 되는 방법이다.

사람마다 개인차는 있겠지만 관계의 기준을 분명하게

정하면 부하 직원이자 연장자인 상대도 내심 안심하고 이해해 준다. 그대로 좋은 관계가 구축되면 상대도 근무 시간 중에는 연장자보다 부하 직원으로서 협력하는 모습을 보인다.

이번 내용은 쉽게 이해되도록 상사 관점에서 서술했는데, 자기가 연장자이자 부하 직원인 사람도 꼭 알아 두어야 할 이야기다.

부하 직원도 상사를 가르칠 수 있다

당연히 부하 직원이 상사를 가르치는 일은 상사가 부하 직원을 가르치는 일보다 어렵다. 그러나 불가능하지는 않다.

상사 교육의 기본은 부하 직원이 상사에게 먼저 의견을 제시하는 것이다. 상사가 알아주지 않아도, 싫은 내색을 보여도 개의치 말고 또박또박 보고하면 된다. 특히 문제점이나 곤란한 부분은 자세히 전달해야 한다.

　우유부단한 상사에게 결론을 들어야 할 때는 판단을 보류하지 못하도록 "이번 주 안으로 결론이 필요해서요. 다음번으로 연기해도 상황 변화는 없지 않을까요?" 하고 사근사근하게 기한을 정한다.

　한 가지 결론만 제시하지 않고, 두 가지 보기를 준비해 양자택일을 요구하는 방법도 유효하다. 아니면 A안, B안, C안 세 가지를 준비하여 각각의 특징을 설명해도 좋다. 어떤 경우든 '자기(부하 직원)가 무엇을 하고 싶은지'는 말할 수 있게 준비해야겠지만 말이다.

　부하 직원의 의견을 듣지도 않고 곧바로 "NO"라고 대답하는 상사에게는 이렇게 말한다.

　"당장 결론이 필요한 일은 아니지만 말씀은 드리고 싶습니다. 한번 생각해 봐 주세요."

　그 자리에서 "NO"라고 말하지 못하게 막는 요령이다. 설명부터 해 놓고, 며칠 뒤 "지난번에 말씀드린 ○○건

말인데요" 하고 물어본다. 사실 느닷없이 어려운 판단을
요구하면 아무리 똑똑한 상사여도 선뜻 결단을 내리지
못한다. 상사에게도 생각할 시간을 주자. '시간 주기'도
하나의 전략이다.

안건을 회의와 같은 공적인 자리로 가져가는 방법도
효과적이다. 여러 사람의 의견을 들으면서 상사도 깨달
음을 얻는다. 부하 직원이 주도하는 긍정적인 논의가 상
사에게 가르침을 줄 때도 많다. 이때 안건의 장단점을 꼼
꼼히 비교하면서 상사의 의사결정을 도울 수 있다.

책을 소개하면서 간접적으로 가르칠 수도 있다. 상사
에게 "이 책을 읽어 보세요"라고 말하면 분위기가 험악
해지겠지만 "우연히 읽은 책에 이런 내용이 나왔습니
다" 하는 정도는 해 볼 만하다.

내가 존경하던 옛 상사는 본인의 상사를 설득해야 할
때면 "그 건은 내가 은근슬쩍 가르쳐 드려야지"라고 입
버릇처럼 말했다. 부하 직원도 상사를 가르칠 수 있다는
것을 보여주는 사례다. 부하 직원이 상사를 가르치려면
담판을 짓는 게 아니라 '은근슬쩍' 가르쳐야 한다.

회사에 공헌하는 것이 우선이다

당신은 자신을 위해 일하고 있는가, 회사를 위해 일하고 있는가. 사원이라면 단연 후자여야 한다. 우선은 이 점을 명확하게 인식하자. 회사에 이바지하지 못하는 사원은 그 회사에 있을 이유가 없다.

따라서 회사를 위해 일한다는 말로 자기 입지를 확보해야 설득력이 커진다. "저는"으로 운을 떼지 말고, 회사를 주어로 말하라는 뜻이다. "이 안건이 (저의) 마음에 들어서 진행하고 싶습니다"가 아니라 "회사가 성장하려면 ○○이 필요하므로 이 안건을 추진하고 싶습니다"라는 자세를 가져야 한다.

의견을 내놓기가 망설여진다면 "회사의 ○○을 위해"라는 부제를 붙여 검증해 본다.

'이 제안이 통과되면 좋겠다(회사의 이익을 위해).'

'이 건은 보류해야 한다(회사의 미래를 위해).'

'나는 이 말을 꺼내기 싫지만 (회사를 위해서는) 말할 수밖에 없다.'

이런 식으로 자신의 주장이 타당한지 아닌지를 확인한 뒤에 제안해 보자. 혹은 아예 이렇게 생각해 보면 어떨까?

'회사와 사장 중 어느 쪽이 중요한가? 답은 회사다.'

회사가 곧 사장은 아니다. 사장이라고 항상 올바른 의사결정을 내리는 것도 아니다. 사장도 사람이고, 사람은 누구나 실수할 때가 있다. 그럴 때 "사장님, 그쪽이 괜찮을까요? 이쪽 안건은 어떠십니까?"라고 충언해 주는 직원은 귀중하다. 충언은 본인이 아닌 회사를 위한 의견이기 때문이다.

때로는 "NO"라고 말할 줄도 알아야 한다. 물론 타당한 논리가 있어야겠지만 그 또한 회사를 위해서다.

'회사를 위해'라는 사고방식에 거부감이 들어도 어쩔 수 없다. 회사는 회사대로 의무를 지고 있다. 회사는 직원, 거래처, 주주 등의 이해관계자에게 공헌해야 할 책임이 있을 뿐 아니라 지역사회에도 이바지해야 한다.

요컨대 회사가 발전하면 필연적으로 직원에게도 좋은 결과가 돌아온다. 일단 회사를 위해 일해야 하는 이유도 이것이다. 이렇게 생각하면 상사와 의사소통하는 방식도 달라지기 시작한다.

상사에게 '내줄 살'을 준비한다

상사에게 내줄 수 있는 부분은 내주어야 한다. 어지간해서는 부하 직원의 제안을 받아들이지 않는 상사도 '만약 그 일이 성공한다면?'이라는 기대가 생기면 흔들리게 마련이다. 정말 성공하면 상사도 높이 평가될 테니 말이다. 상사에게 제안을 할 때는 "본 건은 회사에 도움이 됩니다. 성공시켜서 저희 부서에 보탬이 되고 싶습니다" 하고 회사를 생각하는 마음을 표현하자.

성공보다 실패를 염려하는 상사도 많다. 이런 상사에게는 실패할 경우까지 속속들이 설명한 다음 '혹시 실패하더라도 모양새가 나쁘지 않고, 큰 손해는 보지 않는다'라는 이유를 제시한다. 이것이야말로 현시점에서 가장 나은 선택이며, 만에 하나 결과가 나오지 않더라도 훗날 돌아보면 역시 최선이었다는 평가를 받을 일이라고 차근차근 설명한다. 쉽게 말해 상사에게 책임이 돌아가지 않는다는 점을 완곡하게 귀띔하면 된다.

　말하는 김에 비슷한 전략을 하나 더 소개하겠다. 상사가 논쟁에서 패하는 상황을 만들어서는 절대 안 된다. 어디까지나 '부하 직원의 무리한 요구를 들어주는' 상황을 연출해야 한다. 상사가 줄곧 주장한 "NO"를 완전히 깨부숴서 "YES"로 만들지 말고, '원래 이 안건에 관심은 있었으나 지금까지는 부하 직원의 설명이 부족해서' 반대했다는 정도로 바꾼다.

　"작은 일은 타협하라. 껍데기와 살은 내줘도 상관없다"라는 취지의 이야기를 이미 몇 번 했는데, 이번에도 마찬가지다. 뼈(＝결과)만 취할 수 있다면 논쟁에서 이겼는지 졌는지는 크게 상관없다. 내줄 수 있는 부분은 흔쾌히 내주자.

제4장

신뢰를 얻어 자기 자신을 지키자

궁극적인 해결책은 '신뢰받는 사람'이 되는 것

타인의 마음을 이해하고, 신뢰를 얻자

나쁜 상사의 공격에서 벗어나는 궁극적인 길은 상사와 주위의 신뢰를 얻는 데 있다. 부하 직원의 실력이나 업무 방식이 못 미더울 때 상사가 이것저것 참견하게 된다. 반대로 부하 직원에게 신뢰가 생기면 나쁜 상사라도 일을 맡기기 시작하고, 시끄럽게 잔소리하거나 자유를 제한하는 행동도 점점 줄어든다.

나쁜 상사의 언행에 방어만 하거나 피하기만 하면 아무것도 해결할 수 없다. 결국, 신뢰의 문제다.

　평소부터 주위에 같은 편을 많이 만들어 두는 일도 중요하다. 거래처와 고객에게도 신뢰를 얻어 자기편으로 만들어 두자. 신용은 회사의 큰 자산이자 사업 번창의 밑바탕이며, 회사뿐 아니라 개인에게도 중대한 이슈다. 신뢰를 얻는 일은 어렵고 시간이 걸리지만 같은 편을 확보하는 가장 확실한 길이다.

　그럼 어떻게 신뢰를 쌓을 수 있을까? 신뢰를 얻으려면 이타적인 마음을 갖춰야 한다. 자기밖에 모르는 사람은 주위의 신뢰를 얻기 어렵다.

　가령 당신이 주위 사람에게 "상사가 악질이야. 내 얘기 좀 들어줘"라고 조르기만 한다면 누가 당신의 편을 들어 주겠는가? 상사의 나쁜 점만 계속 늘어놓으면 당신을 믿어 줄 사람은 아무도 없다. 사정을 듣거나 동정해 주는 사람이야 있겠지만 진심으로 당신의 편에 서려는 사람이 과연 있을까? 자칫 잘못하면 남의 험담이나 일삼는 한심한 사람으로 비칠 수도 있다.

　'이타利他'란 타인에게 이익을 주는 일, 다시 말해 타인을 이롭게 하는 일이다. 그 반대가 '이기利己', 오로지 자기 이익만 생각하며 행동하는 일이다. 상대를 이해하고, 상대에게 도움이 되겠다는 마음을 갖춰야 상대의 마음 속에도 신뢰가 싹튼다. 자기만 아는 사람을 도와줄 이는 아무도 없다.

시간은 걸리지만 크게 얻는다

인생에는 돈이 꼭 필요하지만 돈만 있다고 행복해지지는 않는다. 돈으로 살 수 없는 신뢰(신용)를 얻지 못하면 삶이 캄캄해지고, 일도 술술 풀리지 않는다.

누구도 믿을 수 없고 또 누구에게도 믿음을 주지 못하는 인생은 허무하다. 기쁨과 슬픔을 함께 나눌 돈독한 친구가 있어야 행복한 인생이다. 그런데 좋은 인간관계는 반드시 신뢰로 맺어져 있다. 회사의 상하관계도 마찬가지다.

다만 신뢰받는 사람이 되려면 시간이 걸린다는 사실

을 잊어서는 안 된다. 지금은 세상이 편리해져 무엇이든 인터넷으로 단시간에 알아볼 수 있다. 다량의 문서도 손편지나 전보밖에 없던 옛날과 달리 메일이나 SNS로 순식간에 전송할 수 있다. 그러나 세상이 아무리 편리해져도 타인의 신뢰를 순식간에 얻을 수는 없다.

신뢰는 마치 블록과 같다. 마음을 가라앉히고 신중하게 시간을 들이지 않으면 높이 쌓지 못한다. 블록을 쌓을 때처럼 작은 조각을 차곡차곡 쌓아 올려야 단단한 신뢰가 생긴다. 시간 지키기, 약속 지키기, 하기로 한 일은 끝까지 하기, 남이 보지 않아도 해야 할 일 하기 등 당연한 일을 당연한 듯 해야 한다. "티끌 모아 태산"이라 하지 않던가. 작은 조각을 모으다 보면 이윽고 큰 결실이 돌아온다.

하지만 블록이 무너지는 것은 한순간이다. 크고 작은 실패가 오히려 인간의 성장을 가속하는 면도 있지만 남의 신뢰를 잃을 정도의 실패는 어떻게든 피해야 한다.

주어진 선택지가 '성실하게 임했으나 실패할 수밖에 없는 상황' 혹은 '불성실했지만 운 좋게 성공하게 된 상

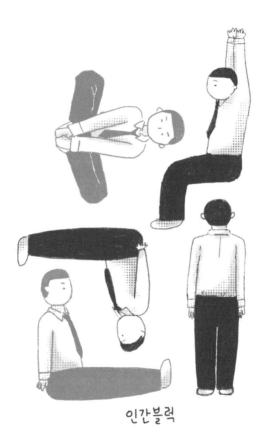

인간블럭

황'이 둘 중 하나라면 과감하게 전자를 택해도 문제가 없다. 신뢰를 얻는 일이 그만큼 중요하기 때문이다.

부하 직원이 회사 안팎에서 두루두루 신뢰받는다는 사실을 알면 나쁜 상사도 그를 인정하게 된다. 나쁜 상사에게 걸렸을 때는 힘들더라도 '신용을 높일 좋은 기회'라고 받아들여 보자.

같은 시대, 같은 나라에 살면서 같은 회사까지 다닌다는 건 기적 같은 일이다. 모든 인간을 믿으라고 할 수는 없지만 적어도 상사는 이토록 기적같이 만나게 된 부하 직원을 먼저 믿어야 한다.

부하 직원은 상사가 자기를 믿는지 안 믿는지 단박에 알아차린다. 무언가를 하려는데 상사가 "잠깐만"이라고 말하는 순간 깨닫는다. 자기는 상대방을 믿지 않으면서 타인에게 자기를 믿으라고 하는 것만큼 뻔뻔한 일도 없다. 먼저 부하 직원을 믿자.

큰 뜻을 품어 지속할 힘을 얻자

"큰 뜻을 품어 보자." 이 간단한 말에 내가 후배에게 전하는 알짜 조언이 담겨 있다. 훌륭한 일을 하고 싶거나, 일을 잘하고 싶거나, 신뢰를 얻길 원할 때에도 뜻을 크게 품어야 한다.

본인이 무엇을 위해 일하는지를 곰곰이 생각해 보기 바란다. 일을 하는 목표가 당장 먹고살기 위해서만이라면 그 뜻이 지나치게 작다. 눈앞의 일에 급급하기보다는 장기적인 관점에서 미래를 그렸으면 좋겠다. 10년, 20년 뒤를 생각해야 한다. 그리고 이왕이면 본인뿐 아니라 동료, 고객, 회사, 사회에도 도움이 될 만한 큰 뜻을 품었으면 한다.

「세 명의 벽돌공」이라는 이집트 우화가 있다. 한 여행자가 길가에서 똑같은 일을 하는 세 벽돌공에게 물었다.

"당신은 무엇을 하고 있습니까?"

첫 번째 벽돌공은 "보시다시피 벽돌을 쌓고 있소"라

고 대답했다.

그 앞에서 일하던 두 번째 벽돌공은 "튼튼한 벽을 만들고 있소. 이 일로 가족을 먹여 살리고 있다오"라고 활기차게 대답했다.

세 번째 벽돌공은 "온 동네 사람이 반길 교회를 짓고 있소. 내가 죽은 뒤에도 모두가 이 교회에서 기도드릴 모습이 눈에 선하다오"라고 싱글벙글 웃으며 자신 있게 대답했다.

세 벽돌공 중 누구의 뜻이 제일 큰지는 분명하다. 첫 번째 벽돌공은 일의 의미를 찾아내지 못했다. 두 번째 벽돌공은 생계를 책임진다는 목적 정도는 가지고 있었다. 세 번째 벽돌공은 가장 큰 뜻을 지녔다. 그는 가장 영향력 있는 사람이 되고 실력도 일취월장할 것이다. 뜻을 이루기 위해 비가 오나 바람이 부나 불굴의 의지로 끝까지 해낼 테니까 말이다.

생각해 보라. 그날그날 일을 마쳤을 때, 드디어 교회가 완성되었을 때 셋 중 누가 자기 일에 최고로 만족하고 보람을 느끼겠는가.

바라건대 당장 쓸 돈을 벌어야 해서 일하기보다는 가슴에 더 큰 뜻을 품고 일하며 주위에 공헌하고, 고객에게 도움을 주는 이가 되었으면 한다. 장래에는 부하 직원을 키워 그들에게도 존경받는 사람이 되기를 바란다. 그런 사람은 조직을 넘어 사회에도 이바지한다.

존 F. 케네디 전 미국 대통령은 1960년대에 '인간을 달로 보내는' 프로젝트를 성공시켰다. 당시 NASA(미국항공우주국)에서 근무하던 청소부가 NASA를 찾아온 케네디에게 가슴을 쫙 펴고 이런 말을 했다고 한다.

"대통령님, 저는 인간을 달로 보내는 프로젝트를 위해 일하고 있답니다."

미국에서 청소부는 최하층에 속하는 직업이다. 그렇지만 그는 오직 청소만 하지 않고, 인간을 달로 보내는 프로젝트의 일원이라는 긍지를 품고 일했다.

이 일화는 페이스북의 최고경영자인 마크 저커버그가 2017년 하버드 대학 졸업식 때 했던 강연에서 소개되었다. 해당 강연은 유튜브에도 게시되어 있으니 궁금한 사람은 직접 확인해 보라.

모쪼록 큰 뜻을 품자. 이것이 일을 잘하고, 신뢰를 얻고, 보람찬 인생을 보내는 첫걸음이다.

잘못은 솔직하게 인정하고, 직접 책임지자

책임질 줄 모르는 상사는 애물단지다. 이런 식으로 변명하는 상사도 있다.

"거래처 담당자가 답답해서 일이 안 풀려."

"업무 환경이 너무 안 좋아서 목표 매출을 달성할 수가 없어."

무의식중에 튀어나오는 말이겠지만 이런 변명으로 타인에게 실패 원인을 전가하려는 것이다. 자기 책임을 인정하지 않고, 남의 탓으로 돌린다는 소리다. 그럴 게 아니라 자기가 무엇을 잘못했는지, 자기에게 무엇이 부족한지 먼저 돌아봐야 한다.

평소부터 자기 잘못을 인정하는 습관을 들이면, 변명이 줄어 타인의 호감을 얻을 수 있다. 자기 잘못을 솔직하게 시인하는 만큼 '정직한 사람'이라는 좋은 인상을 주어 신뢰도 깊어진다. 반면 매사를 남의 탓으로 돌리면 '변명만 하는 사람'이라는 인상을 남겨 신뢰를 얻지 못한다.

세상에는 자기 잘못을 남의 잘못으로 착각하는 사람이 많다. 기실 인간은 자기에게 관대하고, 타인에게 엄격하다. 자기 자신을 제일 사랑하기 때문이다. 그래서 무슨 일이든 자기에게 이로운 방향으로 사고하는 경향이 크다. 원래 그렇다고는 해도 모든 사람이 그렇게 한다면 회사에 무슨 일이 생겨도 수습하지 못한다.

문제를 개선하거나 해결하려면, 문제의 본질을 먼저 파악해야 한다. 왜 이런 사태에 이르렀는지 자문자답을 거듭해야 하는데, 이 과정에서 많은 사람이 자기에게 관대해진다. 다른 사람과 타사의 잘못은 거침없이 열거해도 자신과 동료의 잘못은 쉬이 거론하지 못한다. 그러지 말고 양측의 잘못을 공평하게 판단해 보자.

나쁜 상사와 이야기할 때는 더더욱 자기 잘못을 인정하겠다는 각오를 다져야 한다. 먼저 잘못을 인정함으로써 상대의 잘못도 끄집어낼 수 있다. 나쁜 상사가 잘못을 자백하게끔 선수를 친다고 할까? 자백 전략은 실제 싸움에서도 효과가 있다.

무릇 인간은 '내 잘못이 아니라 다른 누군가 혹은 무언가의 잘못'이라고 여기고 싶어 한다.

"경기가 어려우니까 돈이 안 들어오네."

"오늘은 비가 내려서 매출이 저조했어."

"나는 제대로 설명했는데 손님이 흘려들었다니까."

이처럼 남 탓을 하려고 들면 변명거리는 얼마든지 있다. 우리는 의식적으로라도 자기 잘못을 생각해야 한다.

'경기가 어려워도 수익을 올리는 회사가 있잖아. 우리 회사는 뭐가 문제일까?'

'비가 내려도 저쪽 가게는 손님이 북적이는걸. 우리 가게는 뭐가 문제일까?'

'손님이 이해할 수 있게 내가 제대로 설명한 걸까?'

참고로 흔히 PDCA* 기법을 활용하라고 이야기하는데, 여기에도 함정이 있다. 좋은 계획을 실행해도 평가 단계에서 남의 잘못에만 집중하면 올바른 개선으로 이어지지 않는다. 자기가 한 활동은 전부 옳고, 일이 잘못된 이유는 외부 요인 탓이라고 여기면 아무것도 개선되지 않는다.

소매업 책임자를 맡아 고생하던 시절에 어떤 사람에게 들은 말이 있다.

"호경기에는 80%의 회사가 돈을 벌고, 20%는 돈을 못 법니다. 불경기에는 80%가 돈을 벌지 못하지만 20%는 돈을 벌지요. 호경기든 불경기든 돈을 버는 회사는 반

---

* PDCA Plan Do Check Act: 계획plan, 실행do, 검토check, 개선act의 4단계를 반복하여 업무 방식을 개선하는 기법. 효율을 높이고, 목표를 달성하는 데 주로 활용된다.

드시 있습니다.”

남 탓과 변명을 불허하는 한마디였다.

자기 잘못을 헤아리지 않으면 '자기에게 무른 사람'으로 보이기 십상이다. 늘 자기 편한 대로 생각하고 행동하다가는 타인의 신뢰를 얻을 수 없다. 고객과 상사뿐 아니라 부하 직원에게도 변명만 늘어놓는 무책임한 이기주의자로 낙인찍히고 만다.

세상에 실패해 본 적 없는 사람이 있을까? 강연과 연수 자리에서 수천 명에게 이것을 물었지만 고등학생조차도 묵묵부답이었다. 나 역시 실패투성이 인생을 살아왔다.

실패가 곧 신뢰를 무너뜨리는 것은 아니다. 실패 이후 드러내는 반응이 그 사람의 성품을 잘 보여준다. 자신의 실패를 받아들이고, 책임지고, 반성하자. 그래야 비로소 다른 사람도 당신을 신뢰할 수 있다. 중요한 것은 실패 자체가 아니라 태도임을 늘 기억해 두길 바란다.

일할 때는 물론, 놀 때도 시간은 엄수!

신뢰를 얻으려면 시간을 꼭 지켜야 한다. 직장인에게 시간 엄수는 기본 중의 기본이다. 출근, 회의, 약속에 늦는 사람은 이유를 불문하고 신뢰를 얻지 못한다.

'기업 부활의 신神'이라 불리는 나가모리 시게노부 일본전산 사장은 '전 사원이 15분 일찍 출근하여 정시부터 엔진을 풀가동하는 체제로 전환하는 것'이 기업 부활의 첫걸음이라고 힘주어 말한다. 거래처 방문과 사내 회의에도 약속한 시각보다 5분 일찍 도착하자.

술자리처럼 놀려고 잡은 약속도 마찬가지다. 신뢰받는 사람은 일할 때나 놀 때나 시간을 엄수한다. "일이 바빠서"라는 핑계를 대며 지각하는 사람은 "나는 시간관리를 못합니다"라고 자백하는 셈이다.

당신은 대체로 시간을 지키는 사람인가? 아니면 절대로 늦지 않는 사람인가? 둘 사이에는 하늘과 땅만큼 큰 차이가 있다. 시간 엄수를 염두에 둔다면 일정을 관리하는 태도 자체가 지금까지와는 사뭇 달라진다. 주위 사람들도 당신처럼 시간을 지키게 된다. 반대로 당신이 매번 10분, 20분씩 늦으면 상대도 그 점을 고려하여 느지감치 나오게 된다. '저 사람은 매번 늦는 사람이니까'라는 생각이 박혀 신뢰하지 않는다.

일이 우선이라고 생각할지도 모르겠지만 예전부터 잡아 둔 중요한 약속이 있다면 놀기 위한 약속일지라도 정시에 퇴근하는 정도는 가능하다. 외근이 많은 영업사원이 아니고서야 하루 중 일고여덟 시간은 회사에 있을 테니 근무 시간 안에 업무를 끝내면 된다. 근무 시간 안에다 끝내지 못할 것 같다면 그날은 평소보다 일찍 출근하거나 점심시간을 일에 할애하라.

혹시 주위를 신경 쓰느라 얼른 일어나지 못하고 항상 늦게까지 일하지는 않는가? 그런 경우라면 괜히 두리번거리지 말고 "중요한 일이 있어서 오늘은 먼저 실례하겠습니다"라고 말한 뒤 퇴근해도 문제없다.

고객의 신뢰를 얻는 것은 두말할 나위 없이 중요하다.

고객에게 높은 평가를 받는 사원은 당연히 사내에서도 높이 평가되고, 나쁜 상사에게서 자신을 보호하는 일도 점점 쉬워진다.

회사 외부에서 자신의 신뢰를 높이려면 어떻게 해야 할까? 내가 보기에 고객이 주목하는 포인트는 사실 몇 가지밖에 없다.

- 시간 엄수
- 예의범절
- 밝고 긍정적인 태도로 문제에 집중하는 모습
- 약속한 일을 끝까지 해내는 자세

일정은 들어온 순서대로 잡고, 절대 변경하지 않는다

내가 젊었을 때의 일이다. 전화로 일정을 변경하는 중이었는데 내 옆에서 통화 내용을 들은 상사가 일갈했다.

"보나 마나 여자한테 연락이 와서 변경하는 거겠지. 한심하기는."

정곡을 찔렀다.

내가 존경하는 세 명의 멘토에게는 공통점이 있다. 그들은 한번 일정을 잡으면 밤을 새야 할 정도의 큰일이 아닌 한 변경하지 않는다. 신입사원과의 술자리 약속이어도 한번 수락했다면 나중에 어떤 유혹이 와도 "죄송합니다만 선약이 있습니다" 하고 거절한다.

"First come, first served." 먼저 온 순서대로 대응한다는 말이다. 카페에 가면 줄을 선 순서대로 음료가 제공되듯이 순서대로 처리하라는 단순한 이야기다. 중요한 점은 나중에 매력적인 제안이 들어오더라도 절대 약속을 바꾸지 않는 것이다.

이 원칙이 몸에 밴 사람은 어딜 가나 신뢰를 받는다. 누구와의 약속이 더 중요한가를 따지지 않고, 단순하게 온 순서대로 약속하기 때문이다. 높으신 분이 뒤늦게 억지를 써도 안 된다고 거절하고, 신입사원의 부탁이어도 먼저 들어왔다면 첫 번째 일정으로 잡는다. 덧붙여 한번 수락했다면 '당일 취소'는 금물이다.

일정을 함부로 변경하지 않는 태도는 일을 계획대로 추진하겠다는 실행력의 발로요, 주위의 신뢰를 얻는 안정감의 근원이다.

요즘 페이스북에서는 다양한 이벤트를 소개한다. 그래서인지 모집 마감 직전까지 어디로 갈지 결정을 내리지 않는 사람이 꽤 많다. 가장 재미있어 보이는 쪽으로 가고 싶은 마음이야 이해하지만 계속 결정을 미루고 여기저기 찔러보다가는 머지않아 신뢰를 잃게 된다. 제안이 들어오면 신속히 결정하고, 그 이후에는 선약을 지키기 위해 거절하는 용기가 필요하다.

"First come, first served"를 기억하길 바란다.

'지행합일'이 신뢰의 지름길

빈말은 안 하느니만 못하다. 말만 하고 실행하지 않으면 신뢰를 잃어버린다. 누구를 만날 때마다 "언제 술이나 한잔합시다"라는 빈말을 남발하는 사람이 지인 중에도 몇 명 있는데, 자기 입으로 자신의 신용을 깎아내리는 행동일 뿐이다. "합시다"라고 말했다면 반드시 실행해야 한다.

신입사원 시절에 큰 규모의 크리스마스 파티 자리에서 '신입사원 장기자랑'을 한 적이 있다. 긴 대사가 붙은 노래를 불렀더니 반응이 무척 좋았고, 그 자리의 제일 윗분이 내게 다가와 말씀하셨다.

"잘했네. 내 나중에 복어를 대접함세."

복어를 먹기가 쉽지 않은 시대였기에 내심 기뻤다. 그런데 한 달이 가고, 두 달이 가도 감감무소식이었다. 어느덧 봄이 가까워져서 이러다 곧 복어 철이 끝나겠다는 생각이 들었다.

여~
내 나중에
복어를 대접함세

이제
복어로 보여..

신뢰를 얻어 자기 자신을 지키자

아니나 다를까 복어 철이 끝나도록 아무런 기별이 오지 않았다. 이듬해 봄, 우연히 복도에서 그분과 딱 마주쳤을 때 나는 용기를 내서 말했다.

"저, 복어 건은 쭉 기대하고 있습니다."

그러자 이런 대답이 돌아왔다.

"응? 내가 그랬어? 그럼 메밀국수라도 먹으러 가세."

결론부터 말하면 메밀국수도 먹으러 가지 않았다. 그 이후로 나는 그분을 전혀 신뢰하지 않게 되었다.

언행일치라는 말이 있다. 글자 그대로 '말'과 '행동'을 일치시키라는 뜻이다.

지행합일이라는 말도 있다. 언행일치와 비슷한 사자성어지만 의미가 조금 더 강하다. '앎'과 '행동'을 일치시켜라. 즉, 행동하지 않으면 진짜로 아는 것이 아니라는 뜻이다.

지행합일의 자세를 철저하게 지키자. 이것이야말로 신뢰를 얻는 지름길이다.

$$\boxed{제5장}$$

싸울 수밖에 없을 때는 어떻게 할까?

아무런 준비 없이 맨주먹으로 싸우지 마라

싸울 때는 회사를 위해!

여기까지는 나쁜 상사와 함께 업무를 어떻게 진행해야 하는지를 설명했다.

원래 상사가 해야 할 일도 당신이 눈치껏 하고, 상사의 노력이 부족하다면 당신이 열심히 노력해야 하고, 제멋대로 구는 상사도 감내하라는 식으로……. 이런 말을 듣고 전보다 더 울분이 쌓였을지도 모르겠다. 하지만 이렇게 하지 않으면 사태가 갈수록 나빠진다.

하지만 문제는 당신이 아무리 노력해도 달라지지 않

는 상사, 회사에 도움이 되지 않는 상사다. 대체 언제까지 부하 직원이 그를 보조해야 한단 말인가.

제1장에서 설명한 '싫은 상사'와 '무능한 상사'는 제쳐두고라도 상대방이 회사에 공헌하기는커녕 의도적으로 문제 행동을 일으켜 해를 끼치는 '불량 상사'라면?

싸울 때는 싸워야 한다. 다만 당신은 아직 직급이 낮은 데다 회사를 오래 다닌 사람에 비해 경험이 부족하다. 섣불리 싸웠다가는 산산이 깨지고 만다. 회사와 자신의 처지를 개선하려다가 역으로 불량 상사에게 깨져 버리면 무슨 의미가 있겠는가. 싸우기로 마음을 먹었다면 승리를 노려야 한다.

이번 장에서는 잘 싸우는 방법을 소개한다.

다시 말하지만 불량 상사 밑에서 얼마나 울분이 쌓였을지는 뼈저리게 이해한다. 그래도 상사와 싸우는 것은 어디까지나 회사의 상황을 개선하기 위함이다. 자기 울분을 해소할 목적으로 싸워서는 안 된다. 회사를 위해서라는 명분이 없으면 싸움 자체가 불가능하다. 명분 없는 싸움은 그저 주제넘은 행위로 간주되어 당신의 신뢰까지 훼손한다. 진심으로 상사와 맞설 작정이라면 '회사를 위한 싸움'인지 아닌지 냉철하게 따져야 한다.

혼자서는 덤비지 마라

상사와 싸울 때는 동료와 함께 단체로 도전하는 것이 기본이다. 이는 패했을 때 나에게 올 위험을 줄여준다.

아주 특출난 사람이라면 혼자서도 뛰어난 전략을 짤 수 있을 것이다. 홀로 상사를 찾아가서 무슨 수로든 설득하고 돌아오는 모습을 보면 감탄이 나올 정도다. 그러나 보통의 책략가 한 명, 병사 한 명이 나쁜 상사와 싸워 이기기는 쉽지 않다. 상대방은 이해력이 떨어지고, 남의 말에 귀 기울이지 않고, 행동력이 낮은 상사다. 단독으로 전략을 짜서 도전하는 것은 무모하다.

전략을 짜기 위해서라도 가급적 여럿이서 실행에 옮기는 편이 낫다. 주된 이유는 세 가지다.

1) 동료와 이야기하는 과정에서 싸움에 정당한 명분이 존재하는지 확인할 수 있다.

2) 어떤 식으로 설명하고 싸워야 효과적일지 윤곽이 잡혀 모든 요점을 간결하게 설명할 자신감이 생긴다.

3) 싸움에 이기든 지든 합의를 볼 가능성이 높아진다. 같은 의견을 가진 사람이 많으면 많을수록 합의가 쉽다.

이외에도 이점은 있다. 상사에게 안건을 설명할 때 '많은 동료가 동조'한다는 점을 내세울 수 있다. 또 사내에 이 싸움이 알려져 사정을 접한 다른 상사가 당신의 상사에게 한마디 해줄 가능성도 있다. 동료가 당장 발 벗고 나서 줄지는 미지수지만 만약 당신이 불량 상사와 일전을 벌인다면 간접적으로 가세할 수도 있다. 당신과 불량 상사가 싸우는 이유를 타 부서 사람들이 알면 알수록 같은 편은 더 늘어난다.

사전에 많은 사람과 문제점 및 해결책을 공유하면 설령 싸움에 지더라도 주위에서 이해해 준다. 윗사람이 사정을 조사할 때도 사람들이 당신 의견을 지지한다는 사실을 근거로 "아무개의 말도 일리가 있으니 상사가 받아들여야 한다"라는 판단을 내릴 수 있다.

　동료에게 상담하지 않고 느닷없이 단독으로 말을 꺼내면 주위에서 동조하지 않을 가능성이 크다. 예를 들면 갓 관리직이 된 사람은 의욕에 차서 자꾸 혼자 앞으로 나아간다. 그러다 뒤를 돌아보면 따라오는 직원은 아무도 없고, 도리어 분위기가 냉담하다. 사람이 따르지 않는 전형적인 사례다.

　되도록 동료와 함께 생각하고, 함께 행동하는 것이 최선이다. 혹 동료가 지혜는 보태겠으나 싸움터에는 직접 뛰어들고 싶지 않다고 하면 혼자서 감당해야 하겠지만 말이다. 그렇더라도 이해해 주는 사람이 있는 상황과 없는 상황은 천양지차다.

　처음부터 끝까지 고군분투하는 싸움은 명분이 옳다 해도 지나치게 위험하다. 적어도 아이디어를 다듬는 단계에서는 주위 사람을 자기편으로 포섭하는 일이 선행되어야 한다.

싸움에 앞서 증거를 모은다

당신이 상사와 싸움을 했다고 치자. 더 높은 상사가 두 사람을 따로따로 불러 사정을 듣는다면 당신은 이렇게 설명할 것이다.

"지금까지 상사에게 수차례 개선을 요청하고 호소했지만 받아들여지지 않아 결국 다툼이 생겼습니다."

한편 상사는 이렇게 말할지도 모른다.

"아니요, 그런 얘기는 한 번도 들은 적이 없습니다. 그 직원은 아직 경험이 부족하고, 사고가 다소 부정적이라 매사에 심각해지는 경향이 있더군요. 제가 똑바로 지도하겠습니다. 별일 아닙니다. 이번에도 뭐가 좀 언짢았나 봅니다. 걱정하지 마십시오."

상사가 이런 식으로 어물쩍 넘어가면 당신이 불리해진다.

상사와 싸우려면 그에 상응하는 신뢰가 필요하다. 그리고 이 싸움은 앞에서 설명했다시피 자기 마음을 풀려는 목적이 아닌 회사를 위한 싸움이어야 한다. 당신이 회사를 위해 좋은 일이라 생각해 싸웠어도 그것이 당신의 분풀이로 귀결된다면 말짱 헛일이다. 그렇게 해서는 싸운 의미가 없다.

그래서 사실을 기록해 두는 것이 중요하다. 말로 개선을 요구하는 데 그치지 말고, 메일로 똑같은 내용을 보내 두도록 하자.

이와 더불어 제안을 문서화해 두는 일도 중요하다. 문서에는 꼭 날짜를 기록하고, 상사에게 몇 번이나 요구했다는 사실도 노트에 꼼꼼히 적어 놓아야 한다. 상대가 부인하더라도 당신이 남겨 둔 기록이 있으면 나중에 도움이 된다.

말로 설명하든 메일로 문서를 전송하든 상사에게 의견을 낼 때는 형식을 갖춰 이성적으로 행동한다. 그 설명과 문서가 쌓여 훗날 증거가 된다고 생각하면 괜한 감정을 억누를 수 있다.

상사에게 보내는 메일 중 최소 한 통은 상사의 직속상

사에게도 참조로 전송한다. 보통은 참조가 바람직하지만 상사가 쉽게 격분하는 사람이면 숨은 참조로 보내도 상관없다.

노파심에 덧붙이자면 제안이나 의견을 문서로 남기는 일은 '증거를 수집하는 작업'이기 이전에 '평소에 해야 할 기본 업무'이다. 상사와 한바탕할 각오라면 이런 기본이 탄탄해야 한다.

싸우기 전에 미리 해자[*]를 메운다

패할 줄 알면서도 싸우는 것은 무의미하다. 싸우려거든 확실히 이겨야 한다.

도요토미 히데요시가 죽은 뒤, 도쿠가와 이에야스^{**}가

---

*   성 주위에 둘러 판 못.

**   도쿠가와 이에야스德川家康(1543~1616): 에도막부(일본의 마지막 무가 정권)의 창시자. 본디 도요토미 히데요시의 측근이었으나 그가 사망한 뒤 도요토미 가문을 멸망시키고 패권을 차지했다.

그 가문을 멸망시키고 패권을 차지했지만 도요토미 일가는 다이묘로 여전히 오사카에 남아 있었다. 그들의 거처였던 오사카성은 해자로 둘러싸인 난공불락의 요새였다. 1614년, 한 차례 더 도요토미 일가를 공격한 뒤, 도쿠가와 이에야스는 화친의 조건으로 오사카성의 해자를 메우라고 요구했다. 그러고는 해자가 메워져 맨몸이나 다름없게 된 오사카성을 이듬해에 다시 공격하여 함락시켰다.

지금까지 설명한 '동료 늘리기'와 '증거 남기기'는 불량 상사와 싸우기 전에 해자를 메우는 작업과 같다. 신중하게 싸움을 준비하는 것이다. 거듭 말하지만 회사에서 벌이는 싸움은 당신의 의견이나 제안을 통과시키려는 싸움이어야지, 불량 상사를 해치우고 개인적으로 후련해지기 위한 싸움이어서는 안 된다.

따라서 많은 사람이 당신의 의견을 지지한다는 사실과 당신이 서면으로 제출했던 제안의 중요성을 불량 상사가 알아차렸다면 '승리'했다고 봐도 무방하다. 해자가 메워졌다는 것을 상사가 깨달은 시점이 곧 성공이다. 싸우지 않고 이기는 이상적인 승리인 것이다.

불량 상사가 "알았다"라고 말하는 즉시 포위를 풀자. 웃는 얼굴로 선선히, 마치 아무 일도 없었다는 듯이.

물론 해자를 메우거나 말거나 눈치채지 못하는 불량 상사, 머릿속에 오직 사장이나 간부뿐인 상사도 있다. 상대가 그런 유형이라면 해자를 먼저 메운 뒤 다음번 전투에서 성을 함락시키는 수밖에 없다.

화를 내도 상관없으니 철저하게 싸운다

준비가 끝났다면 회사를 위해 힘껏 싸우면 된다. 야구공을 던지기 위해 팔을 힘껏 휘두르는 투수처럼 말이다.

단, 논쟁은 기본적으로 냉정하게 해야 한다. 나는 때때로 감정이 복받쳐서 썩 잘하지 못했지만 미소 띤 얼굴로 담담하게 논리를 전개하면 더없이 좋다.

완전히 냉정하게 싸우지 못하더라도 회사를 위해 싸

우고 있다면 약간의 탈선이나 실패는 개의치 말자. 냉정하게 논쟁하려다 불같은 논쟁을 하게 되어도 '내'가 아닌 '회사'를 주어로 말하는 것을 잊지 않았다면 그 정도로 충분하다.

논쟁에서는 자신의 의견을 일목요연하게 주장한다. 이때 무언가 빠뜨리지 않도록 중요한 내용은 조목조목 메모하며 챙겨 간다. 문제의 요지를 간추려 말하려는 바를 분명히 전달하자.

논쟁 중간에 불량 상사가 말을 가로막더라도 "끝까지 들어 주십시오" 하고 단호하게 밀어붙인다. 평상시와는 분위기가 다르다는 점을 드러낼 필요가 있다. 상대가 변명을 늘어놓으며 도망치려 하면 "제가 진지하게 의견을 말씀드리는데 왜 들어주지 않으십니까?"라고 강하게 밀고 나간다.

당신이 이토록 애쓰는데도 상대가 당신을 비웃거나 조롱한다면 화를 내도 상관없다. 그런 상황에서조차 싱글싱글 웃는 낯으로 대응해서야 박력이 없다. 싸움을 시작했다면 철저하게, 최선을 다해 싸우자.

상사의 상사에게 직접 말한다

불량 상사와 맞서 싸우지 않고 윗사람에게 직접 호소하
는 방법도 있다. 당신을 괴롭히는 불량 상사의 문제점을
그의 직속상사에게 조속히 알리는 것이다. 불량 상사가
빠진 회식 자리가 있다면 절호의 기회겠지만 그런 기회
가 없다면 잠깐 서서 이야기하는 것도 괜찮다.

　윗사람에게 이야기를 꺼낼 때는 아래와 같이 '윗사람
이 먼저 물어봐서 대답했다'라는 상황을 만들면 좋다.

　"저어……"

　"응? 어째 기운이 없군."

　"실은 좀 고민스러운 일이 있습니다."

　"그래? 무슨 일이지?"

　이어서 본론을 설명할 때는 무리해서라도 상사의 장
점부터 말한 뒤 문제점과 해결책을 차분히 전달한다. 문

제가 해결되면 조직에 어떤 이점이 있는지도 덧붙인다.

그러면 윗사람은 불량 상사에게 사정을 물어보게 되고, 결과적으로 불량 상사는 당신이 말했다는 사실을 알게 된다. 불량 상사 입장에서는 부하 직원에게 밀고를 당한 셈이다. 당연하게도 그는 자기가 없는 자리에서 당신이 무얼 어떻게 말했는지 정확히 알지 못하고 스스로 의심의 구렁텅이에 빠지게 된다.

윗사람에게 한 소리를 들은 불량 상사가 스스로 마음을 고쳐먹는다면 그야말로 횡재다. 이 방법도 통하지 않는다면 역시 싸우는 수뿐인데, 미리 윗사람에게 정보를 전달해 둔 만큼 유리하게 싸울 수 있다.

싸움은 증인이 보는 앞에서 한다

상사와의 싸움은 증인이 보는 앞에서 해야 한다. 아무도 없는 회의실에서 단둘이 싸우는 상황은 무슨 일이 있어도 피하자.

아직 직장 생활을 잘 몰랐던 입사 2년 차 시절에 계장과 의견이 맞지 않아 부딪친 적이 있다. 마침 과장이 우연히 언쟁 중인 우리 옆을 지나쳤고, 나중에 나를 불러 싸운 경위를 물었다. 과장은 내 주장에 동조해 주었지만 한 가지를 짚고 넘어갔다.

"근데 중요한 게 있어. 싸우려면 다른 사람이 있는 곳에서 싸워. 제삼자가 없는 장소에서 싸우는 건 부하 직원에게 불리해."

귀중한 가르침이었다.

생각해 보라. 내 상사(계장)는 자기 윗사람(과장)과 이야기할 기회가 많다. 반면 평사원인 나는 그렇지가 않다. 계장은 마음만 먹으면 과장에게 이러니저러니 설명할 수 있지만 평사원은 과장과 직접 이야기할 기회 자체가 현저히 적다.

내가 해외 근무 중이던 입사 10년 차에는 이런 일도 있었다. 어떤 안건을 지점장에게 서면과 구두로 몇 번이나 제안했는데 지점장이 귓등으로도 듣지 않았다. 어디

그뿐인가. 이야기 도중에 버럭 호통을 치며 "불만 있어? 내가 누구인 줄 알고 그따위 소리를 해?" 하고 위협하기 일쑤였다. 그러면서 자기 상사에게는 어찌나 사려가 깊은지……. 전형적으로 아래는 무시하고 위만 바라보는 인간이라 다른 사원들도 진저리를 쳤다.

어느 날, 도쿄 본사에서 출장을 나온 임원 한 분이 우리 지점에 들렀다. 지점장은 사내 관계자들을 모아 본인 집에서 환영회를 열었고, 나는 그 자리에서 지점장과 대판 싸웠다.

엄밀히 말하면 처음부터 '오늘은 물러서지 않고 싸우겠다'라는 각오로 참석하여 신중히 실행했다. 예전에 배운 대로 제삼자가 보는 앞에서 싸웠다. 술을 마시다 싸우면 '주정뱅이' 취급을 받을까 봐 그날은 술에 손도 대지 않고 맨정신을 유지했다. 여하간 언쟁을 크게 벌였기 때문에 내심 해고까지 각오했으나 다행히 문제가 원만하게 해결되었다.

많은 사람 앞에서 싸우는 것은 상대에게 상처를 입힐 수도 있어 조심을 해야 하지만, 적어도 '제삼자가 한 명이라도 있어야 한다'라는 점을 주목하기 바란다.

싸움에는 증거와 증인이 모두 필요하다.

살을 내주고 뼈를 취한다

제3장에서 "어떻게 해도 상관없는 일은 상사에게 넘기면 그만"이라고 이야기했다. 이 말은 상사와 싸울 때도 중요하다. 어떻게 해도 상관없는 살 부분은 상대에게 양보하고, 중요한 뼈 부분을 취하도록 하자.

싸움이 본격화되면 불량 상사는 온갖 반론을 펴기 시작한다. 당신이 주장하는 문제를 직접 반박하기도 하겠지만 문제와 무관하거나 비논리적인 반론을 펼칠 가능성도 농후하다. 경우에 따라서는 당신의 지난 실패를 끄집어내 현재의 주장을 일축할 수도 있다.

하지만 상대가 지난 실패를 들먹이더라도 굳이 부정하거나 입씨름하며 주의를 분산시켜서는 안 된다. 지금 당신이 하는 주장에 의문을 제기하기 위해 과거를 걸고 넘어져도 휩쓸리면 안 된다. 과거의 실패와 미숙함은 현재의 싸움과 전혀 관계가 없다. 과거의 실패 따위는 "그땐 그랬지요" 하고 깨끗이 인정하면 된다.

더구나 상사는 일부러 시치미를 떼고 있을 수도 있다. 관계없는 이야기를 꺼내 눈앞의 문제로부터 도망칠 속셈으로 말이다. 여기에 말려들지 않으려면 '무엇이 중요한지'를 확실히 이해하고, 그 부분에서만 승리하면 된다는 태도가 필요하다.

껍데기와 살은 잘라서 내주어도 하등 문제가 없다. 그 대신 상대의 뼈를 취하면 된다. 반드시 쟁취해야 할 알맹이가 무엇인지를 숙지하고 싸움에 임하자.

싸우려거든 전략부터 세운다

이상적인 싸움은 '싸우지 않고 이기는' 싸움, 패배하지 않는 싸움이다.

세계적으로 유명한 『손자병법』에서는 싸움의 요점을

다음과 같이 설명한다.

- 싸우지 않고 이기는 것이 최선이다.
- 아군이 적의 10배라면 적을 포위해서 항복시켜라.
- 아군이 적의 5배라면 싸워라.
- 아군이 적의 2배라면 적군을 갈라 싸워라.
- 아군이 더 적다면 퇴각하라.

『손자병법』에는 "싸움에 능한 자는 기세에서 승리를 구하고, 병사를 탓하지 않는다"라는 말도 나온다. 싸움에서는 병사 개개인의 능력보다 군대 전체의 기세가 더 중요하므로 사기를 높여 단숨에 해치워야 한다는 귀한 가르침이다.

또한 『손자병법』은 "적을 알고 나를 알면 백 번을 싸워도 위태롭지 않다"라고 말한다. 자기를 아는 동시에 적을 파악해야 한다는 뜻이다. 아무런 준비 없이 맨주먹으로 싸우면 그 결과는 불 보듯 뻔하다.

이것은 비단 싸움에만 국한된 이야기가 아니다. 교섭에서도 준비가 가장 중요하다.

서양인은 어릴 적부터 학교에서 자발적으로 자기 의견을 말하는 교육을 받기 때문에 프레젠테이션 능력이 뛰어나다고들 한다. 맞는 말이지만 그게 전부는 아니다. 그들은 교섭하기 전에 만반의 준비를 한다.

예전에 캘리포니아 소재의 한 대학에서 국제비즈니스 클래스의 게스트로 나를 초청했을 때도 "교섭은 준비다"가 주된 내용이었다. 그런데 우리의 비즈니스 현장을 살펴보면 전반적으로 준비가 부족하여 거의 맨주먹으로 싸우는 경우가 허다하다.

그러니 상사와 싸우려거든 아래 목록을 참고하여 어떻게 싸울지 미리미리 생각해 두자. 자기 상사의 수법은 이미 꿰고 있지 않은가.

- 자기 의견이 회사 이념 및 행동 규범에 맞는지 확인한다.
- 싸울 명분이 있는지 확인한다.
- 싸우기 전에 누구를 내 편으로 만들어 둘지 생각한다.

아무런 준비 없이 맨주먹으로 싸우지 마라

- 증거를 충분히 남겼는지 확인한다.
- 무엇을 양보하고, 무엇을 사수할지 생각해 둔다.
- 어디서부터 이야기를 시작할지 결정해 둔다.
- 어떤 타이밍에 본론으로 들어갈지 생각해 둔다.
- 상대가 어떻게 반론할지 예상해 본다.

상대를 작살내지 말고 도망갈 길을 열어 주자

당신의 제안에 명분이 확실하고, 그 내용이 논리적으로 타당하며 회사에도 가치가 있다고 가정하겠다. 싸움의 목적은 이 제안을 실현하기 위한 합의에 도달하는 것이다. 따라서 계속 반대하던 상사가 어떤 계기로든 찬성으로 돌아서면 싸움은 종료된다. 멈추지 않고 더 싸워서 상대를 작살낼 필요는 없다. 평소에 쌓인 감정을 풀기 위한 싸움이 아니기 때문이다.

"관리 면에서 지적하신 부분은 맞는 말씀입니다. 그 부분은 시정하겠습니다. 감사합니다."

이런 식으로 더는 아무것도 요구하지 않겠다는 메시지를 상대에게 건네자. 즉, 도망갈 길을 열어 주라는 소리다.

어쨌거나 상대는 반대에서 찬성으로 마음을 바꿔 주었다. 이 점에는 감사해야 한다. 자신의 제안이 통과되었다는 기쁨은 얼마든지 느껴도 좋지만 이겨서 우쭐해하는 표정을 상사에게 보여서는 안 된다. 단순히 승부를 겨루려고 벌인 싸움이 아닌데, 이겼다고 우쭐대면 외려 당신의 진정성을 의심받는다.

『손자병법』에서도 "적에게 퇴로를 터주라"고 했다. 도망갈 길을 막아버리면 궁지에 몰린 적에게 예상치 못한 반격을 받을 수 있기 때문이다.

아무리 이해력이 부족한 상사라도 당신이 도망갈 길을 열어 주었다는 점을 모르지는 않는다. 게다가 이 같은 배려는 향후 당신이 같은 상사에게 다른 제안을 할 때 도움이 된다. 그 점도 고려해야 한다.

싸움의 경과와 결과를
상사의 상사에게 보고한다

윗사람(상사의 상사)에게 당신과 상사의 일을 알려 두라고 앞서 이야기했는데, 싸울 때는 싸움의 경과와 결과까지 보고해야 한다.

보고의 핵심은 '싸우는 상황' 자체를 전달하는 데 있다. 여러 번 보고해도 괜찮으니 당신이 생각하는 바와 그 이유를 전해 두도록 한다. 어차피 머지않아 당신의 상사가 직속상사에게 어떤 형태로든 당신과의 문제를 설명할 테니 말이다. 윗사람도 한쪽 말만 듣기보다는 양쪽 의견을 다 들어야 훨씬 안심이 된다.

판단할 근거가 한쪽 의견밖에 없다면 윗사람은 당신이 패닉 상태에 빠져 싸움을 걸었다고 여길지도 모른다. 그러나 만약 당신의 보고를 듣는다면? 지금 두 사람 사이에 다툼이 발생했지만 당신이 차분하게 맞서고 있음을 알게 될 것이다.

상사와 싸우는 내용이 윗사람에게는 사소한 일이라면 싸웠다는 사실만 전달해도 문제없다. 이를테면 "○○씨와 마찰을 빚었습니다", "○○씨에게 화를 내고 말았습니다" 하는 수준으로 간단히 보고한다.

실제로 나는 한 상사와 싸웠을 때 그의 직속상사에게 "○○씨와 마찰이 생겨 원숭이와 게의 싸움*을 하고 있습니다"라고 메일로 보고한 적이 있다. '원숭이와 게의 싸움'이라고 설명해 두면 윗사람이 나서야 할 만큼 큰 사안은 아니라는 점과 난투극으로 번질 싸움이 아니라는 점이 전해지리라 생각했기 때문이다.

싸움은 오래 끌어서 좋을 게 없다. 취할 부분을 신속하게 취한 뒤 원래 업무로 돌아가야 한다. 단, 어떤 싸움이든 경과보고와 결과보고는 똑바로 해 두자. 이것은 불량상사의 불순한 밀고를 막는 방법이기도 하다.

---

* 원숭이와 게의 싸움さるかに合戰: 영악한 원숭이가 던진 감을 맞고 죽은 어미 게의 복수를 위해 새끼 게들이 밤, 벌, 절구, 소똥과 함께 원숭이를 찾아가 응징하는 내용을 담고 있는 일본의 옛날이야기.

설령 졌더라도 완전한 끝은 아니다

빈틈없이 준비해서 싸웠으나 결국 졌다면 어떻게 될까?

싸움에 진다고 해서 직장인으로서의 생명이 끝나지는 않는다. 눈앞의 승패보다도 당신이 불량 상사에게, 더 넓게는 주변 동료에게 '싸우는 자세'를 보여주었음을 수확으로 여겨야 한다. 이제 주위에서는 당신이 '불의에 맞서는 사람'이라는 인식을 강하게 가질 것이고, 불량 상사가 당신을 몰라줘도 주위 사람은 알게 될 것이다. 이것이 중요하다.

'이렇게 열심히 일하는데 아무도 알아주지 않아'라든가 '나는 왜 보상을 받지 못할까'라는 생각에 괴로워하는 사람이 분명 있겠지만 단언컨대 그렇지 않다. 볼 사람은 다 보고 있다.

상사의 말에 늘 고분고분하는 직원은 어떻게 보면 참 예쁘다. 하지만 모든 사원이 그렇게 한다면 회사는 영원히 발전하지 못한다. 순한 양뿐인 회사에 성장은 없다. 회사를 위해 상사와 싸우는 사원이 지탄받는 사태는 본디 있어서는 안 될 일이다.

"난 싸우고 싶지 않아", "나만 손해 보기는 싫어"라고 말하며 꼼짝하지 않으면 어떤 변화도 일어나지 않는다. 해야만 하는 싸움이었다면, 분별력 있는 사람에게는 그 의미가 반드시 전달된다.

$$\boxed{\text{제6장}}$$

나를 지키며 행복하게 일하는 법

상사를 위해서가 아니라 자기 자신을 위해 일한다

나쁜 상사 때문에 회사를 관두지는 말자

나쁜 상사는 어느 시대, 어느 회사에나 있다. 현대뿐 아니라 옛날에도 있었고, 우리나라뿐 아니라 다른 나라에도 있다. 40대쯤 되면 나쁜 상사를 만난 적 없는 사람 찾기가 더 어려울 것이다.

나도 40년 가까이 사회생활을 하면서 나쁜 상사를 여럿 만났는데, 다행히 나쁜 상사가 있다고 내 인생이 암울해지지는 않았다. 지금 돌아보면 '아아, 그런 사람도 있었지'라고 생각하는 정도다. 아마 인간에게는 좋은 기억은 머릿속에 남기고, 싫은 기억은 점점 잊어버리는 습성이 있는 모양이다. 동년배인 동료들도 과거에 만난 나쁜 상사에 대해 그 정도로밖에 이야기하지 않는다. 당시에는 힘들었던 일이 '한 5년 지나고 보면 웃긴 이야기'가 되는 경우도 다반사다.

적어도 이런 사실을 안다면 지금 눈앞에 있는 나쁜 상사에게 굴하지 않을 용기가 조금이나마 생기지 않을까.

젊은 신입사원의 30%가 3년 이내에 회사를 그만둔다고 한다. 주된 퇴사 이유는 이러하다.

- 회사에서 인간관계에 대한 불만이 있다.
- 회사에서 일을 잘 해낼 자신이 없다.
- 회사의 미래가 불안하다.
- 회사에서 경력 계획을 세우기가 어렵다.

이들 중 인간관계로 인한 퇴사는 대부분 '상사와 잘 지내지 못해' 이루어진다. 동료 혹은 부하 직원이 싫어 회사를 그만두는 사람은 거의 없다.

상사와의 관계로 인한 퇴사는 안타깝고 답답한 일이다. 꼭 퇴사를 하지 않아도 평생 그 상사와 같은 직장에서 일할 리는 없을뿐더러 다른 회사에도 높은 확률로 나쁜 상사가 존재하기 때문이다. 요컨대 이것은 '다른 회사에 가면 어떻게든 해결되는' 문제가 아니다. 그만두는(도망치는) 방법으로는 문제가 해결되지 않는다.

이 문제를 근본적으로 해결하기 위해서는 스스로 실력을 키워 공격의 대상에서 벗어나는 수밖에 없다. 직장에 나쁜 상사가 있다면 '지금은 나쁜 상사를 극복하는 훈련 중'이라고 생각해 보자. '별난 상사에게 당첨'됐으니 아예 반면교사로 삼는 방법도 있다.

경험자로서 말하건대 나쁜 상사의 공격은 누구나 겪을 수 있는 일이라 차라리 '특별 연수'라고 여기는 편이 낫다. 황당무계한 반면교사 밑에서도 배울 점은 배우겠다는 배짱으로 난관을 헤쳐 나갔으면 좋겠다.

어떤 일이든 좋아하게 될 수 있다!

회사를 그만두는 젊은이 중에는 지금 하는 일이 자기와 맞지 않는다고 말하는 사람, 현재 직업이 자기가 좋아하는 일이 아니라는 사람도 있다.

처음부터 자기가 좋아하는 일을 직업으로 삼는 사람이 몇이나 될까? 물론 음악을 좋아해 음악인이 됐거나 영상을 좋아해 엔터테인먼트 관련업에 종사하게 된 사람은 좋아하는 일을 직업으로 삼은 경우다.

하지만 그런 사람은 정말 소수다. 채 1%도 되지 않을 듯싶다. 음악이나 영상 쪽 회사에서 일하기는 해도 총무직이나 경리직에 배치되어 자기가 좋아하는 일이 아닌 업무를 하는 사람도 있다.

좋아하는 일이 직업이 되는 현실적인 과정은 사실 이러하다. 일단 눈앞의 일에 진지하게 매진하여 그 일을 잘하는 사람이 된다. 일을 잘해 주위 평가가 좋아지면 일이 점점 즐거워진다. 일이 즐거우니 자연히 일을 좋아하게 되고, 결과적으로 좋아하는 일이 직업인 사람이 된다.

이쯤에서 한번 생각해 보자. '일이 주는 기쁨'이란 무엇일까?

요식업 종사자라면 손님에게 "와, 맛있다! 또 올게요!"라는 말을 들을 때 기쁠 것이고, 소매업 종사자라면 "좋은 물건을 잘 샀네요. 고맙습니다"라는 말을 들을 때 흥이 난다.

그럼 철강회사 직원은 어떨까? 철판이 좋아서 직접 만든 철판에 뺨을 비빌까? 비료제조회사 직원은 비료가 담긴 봉투를 베갯잇에 집어넣고 잠을 잘 만큼 비료를 좋아하게 될까? 그럴 리는 없다.

철판은 자동차 같은 제품이 되어 타인에게 기쁨을 준다. 비료는 밭에 뿌려져 맛있는 채소를 먹는 사람에게 기쁨을 준다. 그것이 일의 기쁨이다. 어떤 직종이든 일의 기쁨은 '누군가에게 기쁨을 주는' 데서 온다.

혹 자기가 하는 일이 타인에게 기쁨을 주지 못하더라도 걱정할 필요는 없다. 105세를 일기로 타계한, 한 노의사가 했던 이야기가 있다.

"환자에게 운동을 권하면서도 정작 나는 바빠서 운동을 거의 못 합니다. 그래서 되도록 지하철 같은 대중교통을 이용하고 있지요. 지하에서 지상으로 올라갈 때는 계단을 택합니다. 계단 옆 에스컬레이터에 탄 사람들을 슬쩍 보고, 한 사람을 목표로 딱 정해 계단을 뛰어 올라가요. 내가 목표로 정한 사람보다 먼저 도착하면 얼마나 뿌듯한지 모릅니다."

이처럼 스스로에게 선사하는 작은 희열이어도 좋다. 어떤 행동에나 기쁨은 존재하고, 그것을 발견하면 즐겁게 일할 수 있다. 아직 일의 기쁨을 찾아내지 못했다면 존경할 만한 선배와 대화하며 힌트를 얻어 보면 어떨까?

안전지대를 벗어나 끊임없이 성장한다

나는 여성 간부 양성 프로그램을 정기적으로 개최하고 있다. 이 프로그램은 회기별로 6개월간 진행되며, 관리직, 간부직이 목표인 여성을 양성하고 있다.

남직원 중에도 없진 않지만 여직원 중에는 현재 업무에서 벗어나 타 부서로 이동하기를 원치 않는다고 말하는 사람이 많다. 지금 하는 일이 익숙하고 편해 업무가 바뀌거나 관리직에 오르는 것을 내키지 않아 한다. 다시 말해 '안전지대'에 머무르고 싶어 한다.

좋은 상사에게 둘러싸여 지내다 보면 그곳이 안전지대가 된다. 기대기 편한 상사에게 자꾸 의지하게 되고, 타 부서 사람들과의 인맥을 구축하는 데 소홀해진다.

부서 이동은 한 분야에 머무르지 않고 자신을 한층 성장시키는 방법이다. 많은 회사가 순환근무제를 도입하는 목적도 여기 있다.

더 높이 도약할 수 있도록 안전지대를 벗어나 다양한 경험을 쌓자. 불행히 나쁜 상사를 만날 때도 있겠지만 기나긴 직장 생활에서 크게 중요하지 않은 사건이다. 그보다는 자신의 성장과 발전이 훨씬 중요하다.

정년퇴직할 때까지 근속하든 적당한 시기에 이직하든 어느 쪽이나 삶을 살아가는 한 방식일 뿐이다. 단지 이왕에 이직할 작정이라면 실력을 갖춰 더 높은 자리로 이직하기를 권한다. 힘든 일을 포함하여 가능한 한 많은 일을 경험하고, 경험으로 배운 바를 모조리 흡수해서 가슴 한가득 훈장(실력과 성과)을 달고 이직했으면 좋겠다.

조직이 성장하면
나에게도 좋은 결과가 돌아온다

시간을 어떻게 사용하는지는 직장인에게 큰 의미를 지닌다. 입사에서 퇴직까지 약 30~40년. 이러나저러나 직장에서 30년 이상을 보내야 한다면 일 잘하는 직장인이 되어 조직에 도움이 되고, 타인에게 기쁨을 주는 인생을 살자고 말하고 싶다.

한편으로는 30년쯤이야 쏜살같이 지나가니 하루하루를 소중히 여기자고도 말하고 싶다. 나쁜 상사가 옆에 있으면 당연히 우울하고 움츠러들겠지만 자기가 '매일 해야 할 일'은 상사의 자질과 관계없이 해두자.

연수를 진행하거나 사업 현장에 가서 청년들을 만날 때마다 내가 전하는 말이 있다.

"스스로 성장하여 조직에 보탬이 되면 나에게도 좋은 결과가 돌아온다."

술집에 가면 자기 월급이 쥐꼬리만 하다고 한탄하는 목소리를 자주 듣는다. 그 월급은 어떻게 정해질까?

급여는 상사의 평가와 인사부에서 작성한 급여 체계, 임원과 사장의 결재가 복합적으로 작용해 정해진다. 그러므로 상사, 인사부, 회사가 월급을 결정하는 건 틀림없는 사실이다. 하지만 정말 그뿐일까?

자기 능력을 갈고닦아 조직에 공헌하면 보너스가 오르거나 빨리 승진해 급여가 올라간다. 조직에 공헌한 결과가 오롯이 자신에게 돌아오는 셈이다. 따라서 자기 월급은 자기가 결정한다고도 말할 수 있다. 모쪼록 항상 이

점을 인지하고, 부하 직원이 있다면 그에게도 일러 주어야 한다.

간혹 나이가 지긋한 관리직 인사가 사람들 앞에서 "내 월급은 쥐꼬리만 하다"라는 말을 무심코 내뱉는 것을 본다. 참으로 가관이다. "나는 무능하다"라고 자랑하는 것에 불과하기 때문이다.

자, 그럼 어떻게 해야 스스로 성장할 수 있을까? 지금부터 살펴보도록 하겠다.

배움의 원칙 ①
일하면서 배운다

설명력, 이해력, 분석력, 기획력, 결단력, 행동력 등은 회사 업무에 필요한 능력인 만큼 회사에서 효율적으로 배울 수 있다.

최소한 8시간은 회사 업무에 집중해야 하니 그동안 배우면 된다. 실제 업무를 하며 배우면 경제경영 서적으로 배우는 것보다 월등히 실천적이고, 회사에도 도움이 된다. "회사에서 돈을 받으면서 배운다"라는 말이 하나도 그르지 않다.

마지못해 일하는 사람과 적극적으로 일하는 사람은 시간이 지날수록 실력에 큰 차이가 생긴다.

예컨대 클레임을 거는 고객은 어느 회사에나 있다. 품질, 납기, 서비스 등 어디에나 불평은 따라붙는다. 클레임이 들어오면 대개는 도망치고 싶어 한다. 누군가 대신 처리해 주면 좋겠다고 생각한다. 나쁜 상사보다 더 피하고 싶은 클레임도 많겠지만 세상만사는 마음먹기에 달렸다.

클레임 대응은 자신을 단련하는 최고의 훈련이다. 클레임이 발생하면 고객의 사정을 재빠르게 파악해 해결책을 세워야 한다. 그와 동시에 상사나 관계자에게 즉각 보고를 올리고, 사태를 조사하고, 필요한 지시를 내리고, 고객에게도 신속히 대응해야 한다. 상황에 따라서는 곧장 현장으로 달려가야 할 수도 있다.

누군가는 해야 하는 일인가? 그렇다면 도망치기보다는 적극 달려들어 보자. 서로 줍기를 미루는 '삼루수와 유격수 사이 떨어진 땅볼'에 과감히 손을 내밀자. 많은 사람에게 부족한 '문제 해결능력'을 갖추는 데는 클레임 처리가 제격이다.

회사 일은 근무 시간에 배운다. 문제로부터 도망치지 않고, 침착한 태도로 최선을 다해 대응하면 된다. 어떤 일이든 상부에 착실히 보고하면서 지시와 허가를 받아 진행하면 못 할 것도 없다.

일하는 동안 효율적으로 업무 능력을 기르자.

배움의 원칙 ②

사람에게 배운다

사람에게서도 많은 것을 배울 수 있다. 내가 추천하는 효과적인 방법은 '멘토 발견하기'이다. 멘토란 '일 또는 인생의 조언자'를 일컫는다. '나도 저런 사람이 되고 싶다'라는 생각이 들게 하는 마음의 스승이라고 할까? 물론 세상에 100% 완벽한 사람은 없으므로 멘토의 좋은 점만 배우겠다는 마음가짐이면 충분하다.

직장인은 같은 직장의 선배를 멘토로 삼으면 좋다. 직속상사든 타 부서 사람이든 가까이에 있으면서 존경할 수 있고, 본받고 싶은 사람을 찾아보자.

멘토를 발견했다면 그 사람을 주의 깊게 관찰한다. 회의나 교섭 자리에서 어떤 발언을 하는지, 고객 전화에는 어떻게 응대하는지, 상사와 부하 직원은 어떻게 대하는지, 유사시에는 어떻게 행동하는지 등을 유심히 관찰해서 흉내 낸다. '배우다'의 어원이 '흉내 내다'인 것처럼 배움은 모방에서 시작된다.

내 두 번째 멘토는 전화를 받을 때, 보통 사람들과 달

---

* 일본어로 "배우다"는 "마나부学ぶ"이고, "흉내 내다"는 "마네루真似る"이다. "배우다"와 "흉내 내다"의 옛말이 모두 "마네부まねぶ"여서 "배우다"의 어원이 "흉내 내다"라는 설이 있지만 정확한 것은 아니다.

리 정년퇴직하기 전까지 "○○회사 ××입니다"라고 자기 이름을 정확히 댔다. 회의 자리에서도 명쾌하게 발언하고, 모르는 부분이 있으면 "공부가 부족했습니다"라고 말했다. 바쁘다는 말은 절대로 하지 않고, "능력이 부족해서 아등바등하고 있습니다"라는 표현을 썼다.

나도 똑같이 했다. 지극히 간단하다. 그가 언제나 손수건을 꽂고 다니기에 나도 따라 했고, 넥타이도 엇비슷한 무늬를 일부러 골라서 맸다. 가끔은 그의 필기를 보고 똑같은 방식으로 필기했다. 명함집도 같은 제품을 사용했다.

복도에서 그분과 우연히 마주치면 사소한 질문을 던지거나 "같이 점심 드실래요?" 하고 말을 걸었고, 나중에는 술자리에도 동석하게 되었다. 주위의 존경을 받는 멘토들은 대체로 사회성이 높아 후배가 술자리를 제안하면 흔쾌히 들어준다.

한 가지 당부하고 싶은 점은 자기가 멘토에게 신세를 졌다면 미래에는 누군가의 멘토가 되어 자기 후배를 돌봐주라는 것이다. 요컨대 받은 만큼 '베푸는' 선배가 되어야 한다. 아무리 효율적으로 살고자 하는 사람도 이 세상을 혼자 살아갈 수는 없다. '나만 잘살면 돼'라고 생각한다고 해서 좋은 인생을 살 수는 없다.

배움의 원칙 ③
책에서 배운다

유능한 경영자와 훌륭한 인물 중에는 독서가가 많다. 사람들은 책에서 배우는 사람에게 으레 존경심을 느끼며 그를 따르고 싶어 한다.

흔히 독서는 시간이 많이 드는 일로 여겨지지만 알고 보면 더없이 효율이 높고, 이득이 큰 일이다. 옛 선현이나 위인이 고생해서 체득한 바가 한 권의 책으로 응축된 만큼 강력한 간접 경험이 가능하다.

예를 들면 일본에서 혼다 자동차를 설립한 혼다 소이치로가 무엇을 겪고, 생각하고, 지향했는지 알 수 있다. 수많은 경영자가 스승으로 받드는 피터 드러커가 어떤 주장을 했는지, 공자와 맹자처럼 현재까지도 존경받는 동서고금의 인물은 저런 인생의 위기 앞에서 어떻게 사유하고 생활했는지 알 수 있다.

게다가 독서는 비용이 저렴하다. 일반 단행본은 15,000원 정도다. 단행본 한 권에 배울 점이 열 가지라면 하나 당 1,500원. 배운 점을 직장 생활에 활용한다면 100배, 1000배의 가치가 창출된다. 책에서 배운 점은 일이 아닌 일상생활에서도 얼마든지 응용할 수 있다.

직장 생활에 보탬이 되는 책 분야로는 자기계발서, 비즈니스 실용서, 역사서(역사소설도 무방함), 전기傳記 등을 추천한다.

직무 능력을 효율적으로 향상하는 데 가장 알맞은 책은 비즈니스 실용서다. OJTOn the Job Training(현장에서 실제로 일하며 받는 직무훈련)도 분명 실효성이 높은 방식이지만 OJT만으로 일의 전반적인 흐름을 파악하기에는 한계가 있다. 비즈니스 실용서는 일의 체계를 명료하게 설명해 준다. 페이지를 왔다 갔다 해도 상관없으니 목차대로만 읽지 말고, 자신의 평소 업무와 비교하며 읽도록 하자. 그것이 중요하다.

인성 함양에 도움을 주는 책도 추천한다. 내 선배가 추천했던 도서는 노벨문학상을 받은 미국 소설가 펄 벅의 『대지』였다. 혼돈한 세상에서 가난의 구렁텅이를 벗어나기 위해 애쓰는 주인공의 인생살이가 큰 가르침을 준다. 실력도 실력이지만 존경받는 리더에게는 유쾌함, 강직함, 너그러움 같은 우뇌형 매력도 필요하다.

지금 이렇게 말하는 나도 옛날부터 독서가는 아니었다. 오히려 책 읽기를 귀찮아하고 그리 적극적이지 않았다. 그러다가 서른여덟 살 무렵, 내 세 번째 멘토가 책을 추천한 것이 계기가 되어 책 읽기에 푹 빠졌다.

미국 전근을 두 달 앞두었을 때였다. 그 멘토가 10권가량의 책을 책상에 턱 내려놓더니 "가기 전까지 다 읽어 둬"라고 말했다. 경영서, 정보 산업계 전문서, 자기계발서 등 분야도 다양했다. 그동안 덮어놓고 일에만 매달렸던 나는 부끄럽게도 그때 처음으로 독서의 중요성을 느꼈다. 책에 온갖 세상의 이치와 흐름, 사고방식이 쓰여 있음을 깨달았다. 그러자 서점이 보물창고로 보이기 시작했다.

독서는 자기에 대한 투자고, 책은 자신을 성장시키는 '길잡이'다. 단, 책을 눈으로만 읽으면 내용을 곧 잊어버린다. 책을 읽자마자 "맞아!" 하고 무릎을 쳤더라도 예외는 아니다. 기억은 시간이 갈수록 흐려진다. 성장의 기회를 놓치지 않도록 자기에게 유익한 대목은 삶의 고비마다 반복해서 읽을 필요가 있다.

비즈니스 실용서와 자기계발서는 학창시절 참고서처럼 다루자. 자기에게 부족한 부분이나 새로 알게 된 부분에 체크 표시를 하든 밑줄을 긋든 해 두라는 말이다. 자기 의견을 책에 간단히 메모하고, 해당 페이지의 한쪽 귀퉁이를 접거나 포스트잇을 붙여 두면 더더욱 좋다.

나는 "흠", "오호", "맞아", "과연" 같은 짤막한 감상을 책에 적어둔다. 찬성할 수 없는 대목에는 "거짓말", "진짜?", "너무하네"와 같은 감상도 적는다. 체크 표시만 하기보다는 짧게나마 의견을 적어 둬야 훗날 다시 읽었을 때 '전에 내가 어떻게 생각했는지'가 기억난다.

의견 메모는 각자 자기 스타일대로 하면 된다. 중요한 것은 방식이 아니라 자기의 생각을 내용과 비교하며 읽는 자세다. 책 내용에 의문이 들거나 동의하지 않아도 괜찮으니 자기 견해를 명확히 해야 한다. 가령 "최고가 되어라"라고 말하는 책을 읽을 때는 의욕이 하늘까지 뻗쳤는데, 연이어 읽은 책이 "최고가 아니어도 좋다"라고 말하자마자 '경쟁은 싫어!' 하고 돌변해서는 안 된다.

무릇 전체적으로 얼추 수긍이 가는 책이 있는가 하면 영 아니다 싶은 책도 있고, 부분적으로만 찬성하는 책도 있다. 그런 의미에서 보면 모든 내용이 구구절절 와닿는 책은 극히 드물다.

그럼에도 책 귀퉁이를 많이 접은 책, 포스트잇을 다닥다닥 붙인 책이 있다면 그 책은 자기에게 유익한 책이다. 자기가 처음 깨달은 점과 앞으로 배울 점이 수두룩한 책이니 책장에 두고 여러 번 읽기 바란다. 다시 읽을 때는 접어 둔 페이지만 읽어도 좋다.

여담이지만 나는 책을 반복해서 읽다 웃긴 사실을 하

나 발견했다. 인간은(적어도 나는) 어지간해서는 단점을 개선하지 않더라는 점이었다. 책에 남아 있는 표시가 그것을 말해 준다.

인생이라는 시간은 제한되어 있고, 그동안 읽을 수 있는 책은 그리 많지 않다.

일본만 해도 연간 약 8만 권의 신간이 쏟아진다. 대형 서점에는 매일 200여 권의 신간이 도착해 점원이 상자만 열어 보고 출판사로 반품하는 경우도 많다. 도서관에 가면 말 그대로 책이 산처럼 쌓여 있다.

한마디로 살아생전에 사람이 세상의 모든 책을 읽을 수는 없다. 이것이 '양서'를 읽으라고들 말하는 이유다.

우리는 새 책에 쉽게 끌린다. 신간 서적이 서점의 주요 매대를 차지하고 있고 홀린 듯 그쪽으로 먼저 다가가는 사람도 많다.

하지만 수많은 신간 중에 후세에 남는 책은 '좋은 책' 아니면 '꾸준히 팔린 책'뿐이다. 가능하면 양서를 찾아 읽자.

직장 생활에 필요한 지식을 얻으려고 일부러 어려운 책을 읽을 필요는 없다. 쉽지만 알찬 책을 읽는 편이 효율 면에서 유리하다.

책 읽기에 익숙한 학생이나 선생은 좀 어렵더라도 고전이 나을지도 모르겠지만 처음부터 난해한 책에 덤벼들었다가는 '안 읽고 쌓아두게' 되기 십상이다.

어려운 책이 꼭 양서는 아니듯 어린이용 도서나 만화 형식으로 나온 책 중에도 훌륭한 책이 많다. 나는 유적지에 가면 꼭 초등학생이 읽을 법한 책을 사 온다. 지역 연구가들이 꼼꼼히 조사하여 초등학생도 이해할 만한 문장으로 요점을 분명하게 정리했기 때문이다. 직장인에게는 이 정도면 충분하다.

기발한 제목이나 서평에 현혹되어서는 안 된다. 책의 띠지나 광고가 지나치게 요란한 경우도 마찬가지다. 당연한 말이지만 잘 팔리는 책이 곧 좋은 책은 아니다.

책을 좋아하는 선배 혹은 동료에게 양서를 추천받는 게 안전하다. 독서 모임에 참가하는 것도 유익한 책을 접하는 기회가 된다.

책에서 배우고, 책으로 자기계발을 하자.

스트레스는 일종의 향신료

누구였는지는 잊어버렸으나 "스트레스는 일종의 향신료"라고 말한 사람이 있었다. 요리에 후추나 고춧가루 같은 향신료를 과하게 뿌리면 먹을 수가 없지만 아예 뿌리지 않아도 맛이 없다.

나쁜 상사는 두말할 필요 없이 두통거리다. 그렇다고 마냥 머리를 싸매고 누워 있을 이유는 없다. '스트레스'를 '스트레스'로만 받아들이기보다는 '향신료 같은 거니까 조금쯤은 괜찮지, 뭐'라고 여기면 어떨까?

내가 둔감한 편인지도 모르겠지만 나는 그렇게 생각하고부터 스트레스를 거의 느끼지 않게 되었다. '더 젊었을 때 이걸 알았더라면 나쁜 상사 문제로 고통받는 시간이 줄었을 텐데…' 싶어서 이참에 소개했다.

사고방식을 바꾸어 스트레스를 받지 않게끔 하는 것

도 중요하지만 자신의 실력을 갈고닦아 조직에 도움이
되는 중이라고 생각하면 더 생산적이다. 조직에 공헌하
면 나쁜 상사가 뭐라든 고객과 주위 사람이 당신을 인정
해 준다.

상대방이 나쁜 상사라 해도 허구한 날 싸우기만 하면
손해가 이만저만이 아니다. 나쁜 상사에게 인정을 받든
못 받든 무슨 상관이랴. 업무를 추진하는 데 필요한 보고
는 수행하되 심정적으로 휘둘리지 않으면 그만이다.

고민과 실패를 털어놓으면
다양한 효과가 나타난다

그래도 괴로울 때는 어떻게 하면 좋을까?

고민이 전혀 없거나 한 번도 실패해 본 적 없는 사람은
없다. 누구나 얼마쯤은 고민하고, 저마다 몇 번쯤은 실패
를 겪는다. 그런데 자기가 어떤 고민을 하고, 어떤 실패
를 겪었는지 다른 사람에게 절대 말하지 않으려는 사람

이 많다. 나도 그랬다. 서른 살 무렵까지는 양복 위로 갑옷을 걸치고 살았다.

하지만 다른 사람에게 말하지 않으면 계속 괴로워질 뿐이다. 고민과 실패를 숨김없이 털어놓아야 그 괴로움에서 벗어날 수 있다. 즉, 자기 노출(자신의 약하고 못난 부분까지 숨김없이 드러내는 일)이 필요하다. 혼자만 이런 고민을 하고, 혼자만 실패했다면야 당연히 창피하겠지만 실제로는 같은 고민을 하는 사람이 상당히 많다. 당당하게 자기 노출을 해도 문제없다.

자기 노출을 하면 상대와의 거리가 훨씬 가까워져 신뢰 관계를 맺기도 쉬워진다. 주위 사람이나 가까워지고 싶은 사람과는 언제든 솔직한 모습으로 이야기할 수 있는 관계를 만들어 둬야 한다.

솔직히 털어놓아도 괴로움이 가시지 않을 때는 다음 두 문장을 떠올려 보자. 내 멘토가 그럴 때를 대비해 후배들에게 가르쳐 준 격언이다.

"밤이 지나면 반드시 아침이 온다."

"동트기 전이 가장 어둡다."

그분도 굉장히 힘든 일을 겪었을 때 이 말을 몇 번이고 자신에게 들려주었다고 한다. 힘들고 괴로울 때 이 두 문장을 떠올릴 수 있다면 좋겠다.

자기가 하는 일을 인정받지 못해 힘들다면 "볼 사람은 다 보고 있다"라는 말을 기억하기 바란다. 20대 때, 그 문제로 고민하는 내 모습을 본 선배들이 해준 말이다.

자기 일이 단순 작업에 불과하다고 여기는 사람에게는 앞서 소개한 고바야시 이치조가 했던 말을 기억하라. "게소쿠방*이 되려거든 일본 제일의 게소쿠방이 되어라. 그러면 아무도 너를 게소쿠방으로만 두지 않는다." 작은 일이라도 눈앞의 일에 최선을 다해 임하면 주위에서 더 높은 곳으로 끌어올린다는 뜻이다.

위에서 소개한 방법을 마음에 잘 새겨 두자. 이만큼 알면 웬만해서는 비즈니스 문제로 침울해질 일은 없으리

---

* 게소쿠방下足番: 많은 사람이 드나드는 시설(숙소, 식당 등)에서 손님의 신발을 관리하는 사람.

라 생각한다.

목표를 이루기 위해 의욕을 북돋우자

나쁜 상사가 있든 말든 어떻게 자신의 의욕을 북돋울지 생각하자. 의욕이 높아지면 마음속에서 나쁜 상사의 존재감이 줄어들고, 일에 더 집중하게 된다.

일단은 회사 방침(이념, 가치관, 행동 규범 등)과 부서의 목표를 확실하게 인식한 다음 명확한 개인 목표를 설정하자. 목표가 명확하면 주력해야 할 일이 무엇인지 뚜렷해져 헤매지 않고 목표를 향해 나아갈 수 있다.

개인 목표를 직접 설정할 때는 자신의 방침이 회사 및 부서 방침과 일직선이 되도록 유념해야 한다. 그리고 목표는 자기가 발돋움해서 손을 뻗으면 닿을 수준으로 설정한다. 목표가 너무 낮으면 의욕이 생기지 않고, 너무 높아도 '오르지 못할 나무'를 쳐다보는 격이 되어 의욕이 떨어진다. 목표를 달성했을 때 느껴지는 만족과 성취감이야말로 가장 큰 동기가 된다. 목표가 불명확하면 만족과 성취감을 느끼기도 어렵다.

　야구를 예로 들면 배트를 휘두를 때 처음부터 홈런을 노리지 않고, 안타를 목표로 삼는다. 무턱대고 큰 목표에 도전하기보다는 1루타부터 쳐내는 것이다. 안타가 목표인 사람은 안타를 칠 때마다 뿌듯해진다. 안타를 열두 번 치는 사람과 딱 한 번 홈런을 치는 사람은 뿌듯함을 느끼는 빈도가 다르다.

　다음으로 자기 역할을 제대로 이해한다. 역할이나 업무분담이 모호하면 자기 역할을 다하고 있는지 알기 어려운 데다 쓸데없는 일에 시간을 쓰게 될 수도 있다. 자기 역할이 불분명한 상황이라면 회의 자리에서든 개인적으로든 업무분담을 분명히 하고 싶다고 상사에게 요청해야 한다. 이것은 당신뿐 아니라 부서원 모두에게 중요한 사안이므로 그렇게 한다고 불이익을 당하는 일은 없다.

동료와 회사, 고객을 생각하는 자세도 의욕을 북돋우는 결과로 이어진다. 자기만 생각하는 이기주의자는 목표가 작아 달성 후에도 얻는 만족이 작다. 반대로 타인에게 도움이 되겠다는 이타적인 마음으로 임하면 성취감이 커지고, 주위에서도 당신의 성취를 함께 기뻐해 준다.

마지막으로 지나치게 노력하지 않도록 주의한다. 여태까지 이야기한 내용과 모순되는 말처럼 들리겠지만 지나치게 노력하면 실패가 거듭되었을 때 마음이 뚝 부러질 우려가 있다.

설령 목표를 이루지 못하더라도 우리에게는 '내년'이라는 기회가 찾아온다. 계속 성장하다 보면 똑같은 일을 해도 작년보다 수월해진다. 그러므로 자신을 궁지로 몰아넣을 필요는 없다. 실패해도 '다음에는 잘하자!' 하고 다시 힘을 내면 된다.

그리하여 상사, 동료, 부하 직원과 함께 성과를 내며 만족과 성취감을 공유하는 것이 이상적이다.

행복하려면 3가지만 기억하라

나는 직장인이 행복하게 일하는 법을 여러 방면으로 연구해 왔다. 많은 선후배의 이야기를 경청하고, 옛 선현과 경영자의 저서를 '직장인의 행복'이란 관점에서 읽어 보았다.

인생에서 일하는 시간이 가장 길다며 "어떻게 행복하게 일하는가"를 논한 스위스 사상가 카를 힐티, 삶의 방식을 탐구하는 프랑스 철학자 알랭도 큰 참고가 되었다. 내 연구의 결론은 아래와 같다.

1. 뜻을 크게 품는다

뜻을 크게 품으면 만족과 성취감도 높아진다. 큰 뜻의 중요성에 대해서는 이미 이야기했으니 생략하겠다.

2. 스스로 한 발짝 내딛는다

자기계발이나 다양한 사람과의 교류를 통해 스스로 한 발짝 내딛는다. 직장에서도 날마다 조금씩 노력하면 언젠가 신규 사업으로 연결된다. 이것을 나는 "매일 모내기"라고 부른다. 신규 사업을 시작하기 위해 매일매일 모를 심는 작업이다.

가령 5분이 남았다고 치자. 마음만 먹으면 '전화 한 통'이라는 모를 심을 수 있다. 벼처럼 꼭 몇 달 뒤에 결실을 거둔다는 보장은 없다. 결실을 거두는 데 반년이 걸릴지, 1년이 걸릴지 모른다. 그러나 모심기를 지속하다 보면 언젠가는 반드시 수확할 때가 온다.

이해관계가 없는 외부인들과 되도록 많이 만나는 일도 중요하다. 모르는 사람과 만나려면 다소 용기가 필요하겠지만 스스로 한 발짝 내딛어 보자. 공부 모임에 참여한다면 더욱 좋고, 술 모임도 나쁘지 않다. 일정이 겹쳐 시간이 안 나더라도 두 번째 약속에 잠깐 얼굴을 비추는 정도는 어렵지 않다. 귀찮아하지 말고 한 발짝 앞으로 나가 행동으로 옮기자. 그 밖에도 할 수 있는 일은 많다. 많은 사람을 만나면 각양각색의 고생담과 인생 이야기를 듣게 되므로 '나 홀로 고민'에서 벗어날 수 있다.

좋은 책을 읽었다면 출판사나 SNS를 통해 저자에게

감사를 표해도 좋다. 저자로부터 직접 답변이 오는 경우
도 있다. 나는 페이스북을 하고 있어서 "~를 읽었어요"
라는 메시지가 오면 직접 확인한다.

3. 만사는 마음먹기에 달렸다

"오늘 날씨가 좋은지 나쁜지는 내가 결정한다."

『행복론』을 저술한 철학자 알랭이 한 말이다. 어떤 사
람에게는 '화창한 날'이 좋은 날이지만 어떤 사람에게는
'구름 낀 날'이 좋은 날일 수도 있다. 농부에게는 '비 내
리는 날'이 가장 좋은 날이다. 그날 날씨가 좋은지 나쁜
지는 자기 마음에 달렸다.

즐거운 일 없는
세상을 즐겁게
살아간 이유
마음이었네.

이것은 조슈 번(지금의 야마구치 현)의 사무라이였던 다

카스기 신사쿠가 죽을 때 남긴 유명한 시다. 두 번째 구절은 당시 다카스기를 간호했던 노무라 모토니라는 비구니 시인이 덧붙였다고 전해지는데, 여하간 다카스기 신사쿠도 알랭과 같은 말을 남긴 셈이다. 세상이 즐거운지 즐겁지 않은지는 자기 마음이 결정한다. 지금 하는 일이 괴로운지 즐거운지도 마음먹기에 달렸다.

이 세 가지를 마음에 아로새기면 나를 지키면서도 행복한 직장인이 될 수 있으리라 믿는다.

지금까지 나쁜 상사 대처법과 스스로 성장하여 별난 상사를 만나도 행복하게 일하는 방법을 소개했다. 자기를 지키면서 때로는 상대를 공격하는 것도 중요하지만 궁극적으로는 실력을 키워서 상사가 이러쿵저러쿵 참견하지 못하게 하는 것이 더 중요하다.

현실은 냉혹하다. 언제, 어떤 회사에나 나쁜 상사는 있다. 반면 뛰어난 실력(좌뇌 능력)과 훌륭한 인성(우뇌 능력)을 겸비한 슈퍼맨 같은 상사는 거의 없다.

3년간 해외에서 근무했을 당시, 나는 존경스러운 상사와 똑똑한 부하 직원에게 둘러싸여 일을 했다. 상사는 유능하고, 윗사람의 신임을 받고, 균형감이 좋고, 부하 직원에게도 잘하는 부족함 없는 인물이었다. 심지어 골프 실력과 노래 실력까지 뛰어났다. 물론 거래처의 평판도 좋았다.

부하 직원 두 사람은 머리 회전이 빠르고, 눈치도 빨랐다. 맡은 일을 빠릿빠릿하게 처리하면서 신규 제안까지 척척 진행했다. 술자리에서도 재미있고 유쾌해 뭐 하나 부족함이 없는 친구들이었다.

그때가 직장 생활 30년 차였다. 30년 동안 일하면서 그렇게 축복받은 시기가 없었다. 나무랄 데 없는 상사와 부하 직원에게 의지하며 일하는 환경이 가슴 벅차게 행복했다.

그러던 어느 날, 다음날까지 이어지는 긴 회의를 하게 되었다. 전날 밤에는 다 같이 신나게 먹고 마시며 노래를 불렀다. 약간 숙취가 남아 있어서였을까? 다른 세 명이 회의를 이끌어 가는데, 내가 따라가지 못한다는 느낌이 들었다.

'어라, 지금 회의가 어떻게 돌아가는지 모르겠어.'

상사와 부하 직원들은 나를 '내버려 둔 채' 자꾸 앞으로 나아갔다.

'어? 이게 왜 이해가 안 되지?'

경악스러웠다. 내 상태가 믿기지 않았다. 나에 대한 회의가 무럭무럭 솟아났다.

'상사가 보기에 어쩌면 나는 가당찮은 부하 직원이지 않을까? 부하 직원들 입장에서 보면 아주 형편없는 상사일지도 몰라······.'

여기까지 생각하고 나니 눈앞에서 진행되는 회의 내용이 귀에 들어오지 않았다. '무능한 나'에 대한 불신으로 머릿속이 꽉 차고 말았다.

그 후로 얼마간 우울하게 지냈다. 비범한 상사와 출중한 부하 직원에게 둘러싸여 지내는 것이 이토록 힘든 일이었나 싶었다.

다행히 나의 우울은 오래가지 않아 끝났다. 다른 부서에 있는 의뭉스럽기로 유명한 상사를 보며 '상사가 완벽하기를 바라지 말자, 불완전해도 괜찮다고 여기자'라고 마음을 고쳐먹었기 때문이다. 다른 부서의 말솜씨만 좋은 철부지 청년을 본 뒤에는 '이 정도면 뭐 괜찮으려나'라고도 생각하게 되었다.

아무리 개선을 요구해도 나쁜 상사는 좀처럼 나아지지 않는다. 번번이 신경을 곤두세우며 고민하지 말고, 차라리 '뭐, 어쩔 수 없지'라고 생각하자. 고민할 시간이 있다면 그 시간에 성장해 조직에 도움이 되는 편이 낫지 않겠는가.

후루카와 히로노리

상사는 싫지만
내 일은 잘합니다

: 별난 리더를 만나도 행복하게 일하는 법

1판 1쇄 발행 2020년 10월 23일

발행인 박명곤

사업총괄 박지성

기획편집 채대광, 김준원, 이은빈

디자인 구경표, 한승주

마케팅 박연주, 유진선, 이호

재무 김영은

펴낸곳 (주)현대지성

출판등록 제406-2014-000124호

전화 070-7791-2136 **팩스** 031-944-9820

주소 경기도 파주시 회동길 37-20

홈페이지 www.hdjisung.com **이메일** main@hdjisung.com

제작처 영신사 월드페이퍼

"지성과 감성을 채워주는 책"
현대지성은 여러분의 의견 하나하나를 소중히 받고 있습니다.
원고 투고, 오탈자 제보, 제휴 제안은 main@hdjisung.com으로 보내 주세요.